U0029463

達人
精選

股債搭配就能錢滾錢，
　　投資致富不用靠運氣

ETF 存股

雨果——著

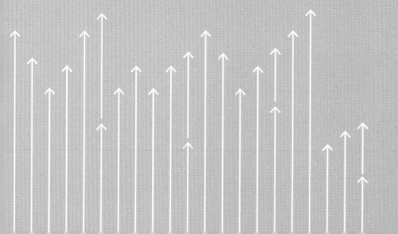

擁有高財商，
才能經濟富足

在既往的生活教育中，多重視『智商』（IQ）與情商（EQ）的培養與發展。

但是，我們有沒有想過？財商（FQ）也是相對的重要！

我出社會後才逐漸理解，要會理『財』才能將辛苦賺取的收入，應用在清楚的地方，而不是「盲人摸象」，靠打聽、靠摸索、靠運氣，賺與賠之間就像在賭一把。甚至容易做出錯誤的判斷，令自己捶胸頓足、後悔不已。

常聽到身邊的朋友說起阿公或父親那一代的輝煌，當時賺了很多錢，生活富裕，但後來就「敗光了」。這些幾乎可說是耳熟能詳的情節，當我聽到類似的開頭，差不多就能猜到結局了。總是心想，俗語說「富不過三代」，難道真有其事？

　　早知道、早知道……別讓悔不當初成為記取經驗的特效藥，若能心裡有「數」，就不難理解，錢不只是可以用「賺」的，還能使用多種方法與管道，讓財富累積的更快，不入其門，怎能體會其中之道？

　　雨果是我的好友兼良師，在我尚未對理財投資有概念時，他也給了我這個「莫宰羊」許多觀念與建議，以免我自投羅網，成為了投資領域的待宰肥羊！

　　先說說我自己的財商故事，家族中有人經商，將事業做得響噹噹。父母原本是一般的上班族，媽媽到我國中才開店做生意，平凡普遍的成長環境，我學習到第一步理財就是「郵局存摺簿」，將過年從長輩手中拿到的紅包錢存進去，看著每一年的數字增加，加上微薄的利息，這已經是內心的小確幸了！我遵循長輩的叮嚀：「有錢就是要存起來」，相信自己守好錢財，一定會變得更有錢。（哈哈哈，這是我成為一個守財奴的理財初階段。）

　　出社會有了穩定的月薪後，有關財務之事就開始複雜了。有朋友做房產投資標的，在一番相當技術面的解說後，我雖然不是太了解，還是領出一筆錢給朋友投資，但拿到分紅兩個月後，朋友就滿腹委屈地告訴我，上頭操作投資的人捲款跑路了，讓我們不僅賠了

錢財，最後連朋友也做不成。但我也不怪他，反而懊悔『為什麼我不早知道？』要是對該投資多點認知，做點功課，就不至於讓辛苦錢拿去肉包子打狗，有去無回。

和我類似的故事比比皆是，但無論是財務詐騙，甚至是投資失利，皆是「事在人為」。把錢交出去，何去何從若搞不清楚，也莫怪錢財難留。與其被動面對不懂的事情，不如主動的去學習了解，我很喜歡雨果跟我說過一句話：「投資的選擇從沒有對錯標準，要靠自己認知去選擇想要的。」

雨果將自己的理財概念，熱心的化為文字在平台上分享，讓我這個同樣經營自媒體的「理財幼幼班」朋友，在讀他每一篇用心編寫的內容時，總是能再被點醒一、二，讓自己的財商經驗值提升不少，實在很感動！

從閱讀雨果的第一本書，到受邀寫序的第二本著作，讓我對於『EFT 存股』，有了更進一步的認識。雖然我接觸股票投資時間不算太久，但也不用像以往，羨慕別人靠投資輕鬆省力便增加財富，也不過於擔心通膨導致荷包縮水。

理財書人人必看！要清楚賺錢、花錢、運用錢的方法，才能做

出符合自己理想的規劃，雨果以自身的經驗，寫出好讀、好懂的存股心法，對於想提升投資知識的朋友，這更是一本不能錯過的好書。

Reiko 蕾可

懂得「指數化投資」和「資產配置」，才能避開投資陷阱

近年來理財粉專大量成立，聲量夠大就能成為理財專家，但是似是而非的說法充斥其中，新手投資人很容易無所適從，一本觀念正確的書，能讓判斷力不足的投資人少走很多冤枉路。雨果的文章溫和而理性，不靠激情也能獲得粉絲的按讚與大量與分享，非常樂見雨果出版第二本書，為投資人釐清觀念做努力。

許多粉專主張個股投資、幾乎不談風險，但是閱讀財報來選擇個股，其實是高難度、高風險的事，更何況大多數人只是人云亦云。2021 年至 2022 年間海運股和台積電的受災戶不少，有些人因此不敢再投資，自此只存定存，其實只要懂得「指數化投資」和「資產配置」，就能有效避開這些散戶投資的陷阱。

也有不少人認為投資金融股就安全，但股神巴菲特的老師葛拉

漢在「智慧型股票投資人」這本經典書中早就提出股票投資必須重視資產配置。歷史一再重演，在 2023 年爆發了美國矽谷銀行倒閉事件，這些事件都是一再對投資分散性血淋淋的提醒。

這幾年來雖然已經很多人知道分散投資的「指數化投資」這個名詞，但仍有許多的誤解，像是認為投資台灣前五十大的 0050 ／ 006208 價格很高，小資族買不起，殊不知在證券公司的 App 上就能設定低至每月幾千元的定期定額。又像是對於市面上滿天飛舞的 ETF 了解不清，誤以為是 ETF 就比較安全，結果前幾年不少人在富邦 VIX ETF 中招。

如果因為這些認知的落差就不投資或是選錯了工具，因此錯過退休金準備的黃金期，實在很可惜。

初階的投資人閱讀這本書不但可以讀到包括指數化投資和存股必須要知道的重點以及風險，也可以獲得資產配置具體做法和正確知識。而知道了就可以採取行動，雨果甚至為大家整理了執行細節，像是證交稅及券商手續費等一般人很容易忽略的交易成本，也還包括證券 App 的設定說明。

而對於比較進階的投資人來說，我認為本書也能讓你溫故知新，

特別是雨果用了相當篇幅說明資產配置很關鍵的「再平衡」作業，我在我著作的書中也曾分享了我的實際經驗，如果你對於執行細節還沒有把握，也提供你交互閱讀參考。

「提早退休說明書」作者

嫻人

推薦序

「ETF 存股」，是斜槓家庭主婦必學的投資工具

　　金錢與人類之間的關係很微妙，每個人都想要幸福的生活與良好家庭關係，但卻常因為金錢影響了目標。我一直提倡家庭幸福須從理財開始，因為我認為要能幸福地使用金錢，第一步就需透過擬定計畫，不斷調整狀態，才能夠駕馭金錢而不被金錢駕馭。

　　每個人都想成為社會經濟金字塔頂端那 20% 的有錢人，但是在追求金錢的同時，我們需管理好收入、支出、儲蓄、投資等方面的財務健康狀態，做好家庭財務藍圖以及穩定成長的策略，才能充滿安全感，不焦慮、不投機。若能提高對金錢掌握度，內心自然感到安定、幸福，心情輕鬆了，家人間的相處品質就能提升，因此擁有一個穩定的投資策略及優雅的投資，對於家庭主婦來說是必要的，一個家庭只要有一個人懂理財，就有機會翻轉命運。

雨果老師總是不厭其煩地提醒大家避險的概念，現今通貨膨漲高漲的時代，對於風險的定義與從前大不相同了，以往預測通貨膨漲率大多以連續性緩漲 2-3% 來預估，即便購買力持續下滑，東西一年比一年貴，但也不至於對生活造成劇烈影響，例如：早餐店 45 元的豬排蛋堡，漲幅 3%，大約 47 元算是合理，但近幾年的物價漲幅大多都是 10-20% 以上，45 元的豬排蛋堡一口氣漲到 55 元，10 塊錢單筆看起來不多，但當民生消費全面上升 20% 時，象徵著每月 5 萬元的家庭消費，買一模一樣的東西一個月要多準備 1 萬元，一年要多支出 12 萬，若薪資漲幅追不上，而我們又只把錢擺在銀行不進行任何投資，這就是百分百慢慢變窮的保證。

　　顯而易見的風險是，若通膨力道不減，未來將造成驚人的貧富差距，對民生的影響不能小覷，「通膨」就是可預見但是不可控制的風險，光是維持購買力「能買得起一模一樣的東西」這點，我們就必須在財務管理上有所準備了，當投資成為顯學，這是人人都必須得學會的事。

　　但就連股神巴菲特的精英投資團隊也曾在全球經濟衰退的洪流中虧損將近 1.3 兆台幣，好在波克夏（巴菲特持有的公司）的風控團隊可以讓公司在虧損中屹立不搖，但是對於一般家庭來說，以一己之力根本無法解讀這麼龐大的資訊，更沒有如此大的風險承擔能

力，那麼到底要如何選擇投資標的，才足以應付各種不確定性跟風險？雨果老師在本書中提到的 ETF 就是非常值得一般人深入瞭解的工具之一，它能夠提供長期穩定的收益，同時又能避免高風險和高成本的單一股票投資，這也是身為斜槓家庭主婦的我非常仰賴的投資工具。

我們可以透過這些相對穩定的投資策略減少風險和保護資產，同時仍然能夠實現長期穩定的收益，更重要的是，投資也能很簡單，不需要花時間每天盯盤，就能讓媽媽們擁有更多時間照顧家庭，打造美滿又幸福的家喔！

精算媽咪

「存 ETF」
是更好的選擇

近幾年，市場上相當流行使用「存股」的方式來理財。許多人都誤以為所謂的「存股」就是買進股票後，長期持有不要賣，也不需要看漲跌，只要穩定的領取現金股利，把股票當作銀行定存在買，以為這就是所謂的長期投資，但事實上，所謂「存股」可不只是「買進、持有、不要賣」就行。

大家選擇「存股」不外乎兩個原因，一是擔心股價漲跌波動，不知道如何挑選標的，無法判斷買賣點，於是就當成定存來買，認為只要股票的配息好，就買進長期持有穩定領息，也不用去觀察股價的漲跌。

另一個原因是，有些資深股民因多年在股市操作，想賺股票價差以求快速致富，但是多年下來發現不但無法穩定獲利，甚至虧損

連連，最後選擇放棄頻繁在股海拚搏，改買能穩定配息的傳統定存股，安心地等待股息入袋，勝過以往每日買進賣出還是虧損的投資生活。

其實我認為，要利用「存股」來理財，達到財富自由沒有想像中容易，因為買進後必須長期持有數十年，試想，你必須對這家企業相當有信心，而且不是買完股票存著就好，你必須不時地檢查效益，這家公司到底還適不適合繼續投資，判斷難度並不低。

大部分存股族都會優先選擇較大且比較不容易倒的企業，譬如銀行金融類股或是電信類股，最好能穩定每年配發利息，只要比銀行定存利率高就滿足了。可是，你冒著本金會虧損的風險投資股市，難道就只為了獲得只比銀行定存利率好一點點的投資報酬率嗎？這樣的報酬與風險期待值會不會太低？最重要的是，這樣的報酬率能打敗通貨膨脹率嗎？

⑤ ETF 是較為安全的投資

我認為存股可以有更好的選擇與方法，改用「指數化投資」所承擔的風險更小，報酬率更高，而且執行上更為簡單，更適合想長期存股的人學習的投資方式。

「指數化投資」與存股相似,買進股票後幾乎不太需要賣,不但可以領股息,還能賺到股價正價差,重點是不用煩惱如何選投資標的,因為指數化投資就是透過 ETF 買下整個股票市場,獲得整體股票市場的平均報酬率。持有 ETF 也不用擔心企業倒閉的問題,因為持有數十甚至數百檔股票,風險已分散到數百家公司與十幾個產業,不用擔心單一公司倒閉,也不用擔心產業景氣循環的表現,因為不管現在輪到哪一個產業興盛,你的持股裡一定也會有該產業的公司。

　　透過有紀律的執行資產規劃與再平衡,投資風險絕對會低於單壓金融股,而可預期報酬也會高於金融股與電信類股,長期表現絕對讓你對投資更有信心。

　　所以存 ETF 投資理財就是這本書的主要概念,我的上一本書《聰明的 ETF 投資法》裡詳細介紹了許多生活理財與投資基礎觀念,也介紹了指數化投資的概念與資產配置方式。但是我發現有許多新手投資人對於何謂指數化投資還是很疑惑,最多人來詢問的就是是否可藉由存金融股與高股息 ETF 來領股息,讓日後經濟無虞。

　　所以我想透過這本書,更深入的講解指數化投資的運作與執行方式,並推薦好幾檔指數型 ETF,即可達到傳統存股族期望的需求,

相較於存金融股，存股其實可以更簡單也更有效率，而且整體資產成長還能更快速，風險還更低，在執行上也更簡單、省時。

在這本書接下來的章節中也會一併說明，存股族所應該要有的投資觀念，利用指數化投資方式來存股可以有哪些益處，當然，也不要有過多錯誤的期待。最後我會分享，大部分人在投資過程中可能會面臨的問題該如何處理，譬如外幣匯率、買房需求、單筆大額投資與借錢投資等議題。

希望藉由這本書，可以讓更多投資新手，用更簡單正確的方法投資股票市場，即使你是保守的存股族，也可以用更好的方式來理財，切記！天底下沒有不勞而獲的事，只有你妥善理財了，財富才會靠近你。

目錄

第一章

投資理財，不學不可

第八章

面對投資二、三事

第九章

投資規劃總結

當「股市投資」
成為顯學……

　　根據統計顯示，2022 年台股總開戶數超過 1,200 萬戶，2021 年的開戶數新增逾 55 萬戶，增長顯著，其中 20 ～ 40 歲的青壯族群占比更逾 70%，同年的交易人數為 550 萬人，可見「股市投資」近年在台灣是一門顯學。2020 年 4 月至 2021 年底，因股市大漲吸引許多年輕人前進股市淘金，造成「全民瘋台股」的現象。

　　這兩年有許多人一窩蜂投入股市，甚至使用包括融資、期貨、選擇權與權證等高槓桿的投資工具，運氣好的獲利數百萬元，但也有人賠光所有本金。其實多數人投資股市都在追求買賣價差獲利，這與我十幾年前剛開始學習投資時相同，都是以投機心態做自以為是的投資，誤以為一時僥倖的獲利方式可以長久使用數十年。

　　每個人的投資方法不同，對於投資新手來說，總要嘗試過才知

道是否適合。「指數化投資」讓我對於股市投資更加穩健，每個人在踏入股市之前，都應先建立正確的投資理財觀念，才有辦法達到設定的目標。

⑤ 何謂「指數化投資」？

「指數化投資」簡單解釋就是投資人不再汲汲營營於個股分析、市場景氣判斷與各種高風險的金融商品操作，而是將資金全數投入貼近全市場報酬的被動型指數 ETF 與債券，透過簡單的資產配置與資產再平衡的執行，因應各種景氣與股市變化，讓資產自然隨著全球景氣成長而增加。指數化投資最關鍵的觀念在於有意義的分散投資標的，不要將資產下注在少數個股與金融商品，與短時間內的績效表現。

如果是多年進出股市卻無法累積理想獲利的股市老手，更應該重新檢視過去的投資方法，為何在股市長期投資獲利與虧損相抵之下仍無法順利累積資產？也要反思是否還要再花費大量時間研究股市與景氣，而錯過人生中其他更精采的生活。

我的資產配置除了台股 ETF，也會搭配美股 ETF 以分散風險。鑑於有些讀者對於指數化投資的概念稍嫌模糊，對於實際的執行方

式不甚理解，甚至對於投資美股更是心生恐懼。這是撰寫此書的初衷，希望透過實務操作的內容協助初學者簡單從台股開始，運用指數化投資提早累積財富，達到人生財務自由。

本書將由淺入深介紹投資前該具備的正確觀念，手把手教你透過 ETF 將指數化投資運用於台股及美股，仔細規劃涵蓋全世界的資產配置方式，還有執行資產再平衡的時間方程式。

最後，系統性的說明運用指數化投資的關鍵理財觀念，以及最常被誤解的投資謬思，並針對投資常會碰到的狀況提供建議，讓你的存股之路走得更堅定長遠。在閱讀過程中，如果對於書中的數字感到複雜或難懂，你可以放心的略過，這些數字與表格都是進一步應證內容，讓讀者更好理解而已，不影響學習此方法。

本書的內容偏向實務操作面，對於理財觀念的著墨較少，建議讀者可同步閱讀《聰明的 ETF 投資法》，完整學會「為什麼要這樣做？」以及「指數化投資到底應該怎麼做？」，在股債雙跌一年之後，現在運用 ETF 開始存股正是時候！

第一章

投資理財，
不學不可

為什麼每個人都要學會投資呢？每個人都擁有夢想，而夢想經常需要有金錢實現，譬如買房、買車、出國旅遊、留學、學習技能、甚至是協助弱勢等公益舉動。更有許多人不敢追求夢想，因為光是維持生活就要耗費大量時間在工作，更遑論安排休閒生活與追求夢想。絕大多數人都屬於受薪階級，收入來源主要來自於工作薪資，這筆收入就是用在維持生活、休閒娛樂，甚至追求夢想的資金來源，所以荷包不夠豐厚總是無法圓夢。

學習理財，增加薪動力

根據行政院主計總處統計的「110 年個人薪資行情統計圖」（如圖 1-1），以年收入新台幣 36 萬元，平均月收入 3 萬元為例，跟全國受雇員工薪資比較，會落在第 2 與第 3 十分位數區間（D2-D3），占比約 10%，由圖可見年收入 36 萬元的小資族案例，高於 20% 的受雇員工總薪資，但卻低於 70% 受雇員工總薪資。

再看到第 8 十分位數（D8）標準是 87.2 萬元，也就是全國 80%

【圖 1-1】110 年個人薪資行情統計圖

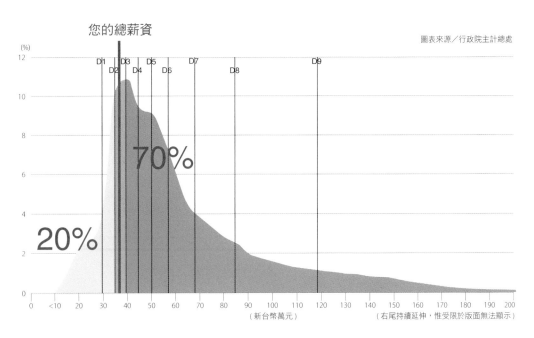

註 1：**D1**：第 1 十分位數 29.9 萬元　**D2**：第 2 十分位數 34.9 萬元　**D3**：第 3 十分位數 39.8 萬元　**D4**：第 4 十分位數 45.1 萬元　**D5**：第 5 十分位數（中位數）50.6 萬元　**D6**：第 6 十分位數 58.6 萬元　**D7**：第 7 十分位數 69.1 萬元　**D8**：第 8 十分位數 87.2 萬元　**D9**：第 9 十分位數 122.4 萬元

註 2：本統計結果運用綜合所得稅檔、勞工保險檔、勞退月提繳工資檔、全民健康保險檔等公務資料整合編製，資料不含農業、政府機關、小學以上各級學校、宗教、職業團體及類似組織等行業。

的受薪階級的年所得都在 87.2 萬元以下，平均月所得約 7.3 萬元。如果平均月所得達到 10 萬元，就可以擠進前 10% 了，由此可見，年薪中位數大約落在 35 萬元至 68 萬元之間，占約 50% 的人口比例。

以月薪 3 萬元的小資族為例，就新北市的消費水平來說，如果需要負擔租屋成本，大概只能勉強維持基本生活水準。月薪 4 ～ 5 萬元則可以讓生活稍有餘裕，月薪 5 ～ 7 萬元就可以有稍微不同的娛樂生活，或是買車代步。而月薪 7 萬元以上，也就是占前 20% 的受薪階級，才有比較多追求夢想或欲望的本錢。

換句話說，有些人是窮到連基本生活都幾近無法負擔，別想跟他們提為自己保險、投資自己、更遑論追求夢想了。收入越多的人，在滿足基本生活需求後，才有辦法規劃更多的娛樂、進修與金融保障。有錢才有選擇的自由，而從行政院主計處統計的薪資圖表來看，如果單靠薪資收入，多數人的選擇機會很少，充其量只是在一般生活中找到小確幸，讓生活不那麼單調無聊。

提早準備退休金

除了過好平常生活，我們還需要為退休生活提早做準備，畢竟大多數人無法一生都在工作，更不想一輩子都為了生存而不停工作，

如果想在法定退休年齡 63 歲（113 年提高為 64 歲，115 年以後為
65 歲）時結束職涯享福 (也就是真正退休)，就必須要在這之前準
備好未來 20 年，甚至 30 年需要的生活費，否則退休後就不是享福，
而是繼續為了生存而忙碌工作。

　　一般人的工作年資平均為 40 ～ 45 年，在這段職涯中所賺取的
薪水，除了要維持生活開銷外，還要額外存退休金提前為未來準
備生活費。隨著醫療技術越來越進步，假設能活到 95 歲，表示 65
歲退休後還有 30 年的時間需要用錢，而能夠存退休金的時間也僅
有 40 ～ 45 年，有多少人能做到存下月收入的一半，或至少存入
40%，以工作一年抵退休一年的方式準備退休金呢？

　　然而，若有辦法能存下收入的一半做為退休金，但別忘了通貨
膨脹如影隨形，物價只會越來越高，回想 20 年前的一碗乾麵價格與
現在的差別，至少貴了一倍以上，更別說是 40 年以後要用的退休金，
可能至少是 3 ～ 4 倍的金額。

　　就算畢業開始工作就是高所得的人，以月收入 10 萬元為例，就
算你能存下一半，也就是 5 萬元，在 40 年後退休，物價假設成長為
目前的 4 倍，存下的 5 萬元就等同於目前的 12,500 元，也就是儲蓄
率再高，也不可能存夠退休後所需要的費用，這就是通貨膨脹的影

響力。更何況這 40 年是人生的輝煌時期，會經歷買房、買車、生兒育女、追求夢想的人生大事，若只靠薪資儲蓄實在難以存夠退休金。

於是，「投資理財」就具備必要性。投資就是藉由將錢拿給其他人做更有效率的運用，並進而帶來更多的金錢回報，而投資人本身並不需要為其投入大量時間。

我們到底需要靠投資賺到多少錢呢？越多越好嗎？答案是：心理上「是」、邏輯上「不是」。

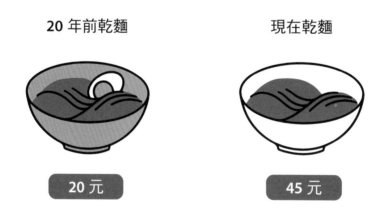

20 年前乾麵　　20 元

現在乾麵　　45 元

投資主要目的，在於「抗通膨」

首先「天底下沒有白吃的午餐」，也不會有天上自己掉下來的錢，想要賺得更多，就要付出更多時間、勞力、心思等，才能換取更高的報酬。投資相對也是，想要獲利更多，得到更高的報酬率，伴隨的就是更高的虧損風險。

投資賺錢希望越多越好，代表本金虧損的機會與金額也越高，我們心裡應該要先有一個標準，怎樣的報酬率才是我所需要的低標，我認為至少先追求「不要越來越窮」。

何謂「不要越來越窮」？就是投資報酬率至少要高於通貨膨脹率。

舉例來說，健康的通貨膨脹率平均為 3%，政府大多會控制在 2% ～ 3% 之間。每年 3% 的通貨膨脹率，意指每年物價將成長 3%，等於手上的現金每年會貶值 3%，可以買到的東西會少 3%，長年累月之後，同一筆金額但消費力會越來越低。

從表 1-1 的「3% 通貨膨脹」欄位，看到物價在 10 年、20 年後會上漲多少；而「3% 折現價值」欄位則表示現在的 100 元，在 20 年後會等同於現在多少錢的消費力；在「1% 銀行定存」的欄位顯示，若 100 元存在銀行賺 1% 的定存利息，20 年後將會累積多少錢；而「定存折現價值」顯示的是當年的銀行定存金額，相當於目前實質購買力的金額。

透過表 1-1 可以發現，**如果只是把錢放在銀行而不投資，現在販賣 100 元的商品，在 20 年後的售價會變成 175 元，而在銀行裡的錢加計每年 1% 利息只會變成 121 元**，現在買得起的東西，到幾年後就買不起了。現在的 100 元價值，在 20 年後只買的起現值 56 元的商品，就算加計每年 1% 定存利息，也只能買的起 69 元的商品。既然如此，為什麼不現在就把 100 元花掉買 100 元的東西，而要忍耐等待 20 年之後才拿來買價值 69 元的東西呢？

換句話說，如果通膨率現在一年約 3%，那麼若你的投資報酬率每年都有 3%，就可以完全抵消通貨膨脹，20 年後同樣的商品售價變成 175 元，放在銀行裡的錢也已經成長到 175 元，還是可以用同一筆錢買到同樣商品，這表示錢有保值性，保有現在原本的實質購買力。如果投資報酬率更高，例如每年有 5%，20 年後就可複利累積成 253 元，這時不但可以買到同樣的商品，還會剩下 78 元可以購

【表 1-1】通貨膨脹、折現價值、定存的差別

年份	3% 通貨膨脹	3% 折現價值	1% 銀行定存	定存折現價值
1	$100	$100	$100	$100
2	$103	$97	$101	$98
3	$106	$94	$102	$96
4	$109	$91	$103	$94
5	$113	$89	$104	$92
6	$116	$86	$105	$91
7	$119	$83	$106	$89
8	$123	$81	$107	$87
9	$127	$78	$108	$85
10	$130	$76	$109	$84
11	$134	$74	$110	$82
12	$138	$72	$112	$81
13	$143	$69	$113	$79
14	$147	$67	$114	$77
15	$151	$65	$115	$76
16	$156	$63	$116	$75
17	$160	$61	$117	$73
18	$165	$60	$118	$72
19	$170	$58	$120	$70
20	$175	$56	$121	$69

製表／雨果

買別的東西。所以我們要追求的投資報酬率，至少不能低於平均通膨率才能讓錢不貶值，更要超過通膨率帶來更多金錢，至於報酬率要多高就看願意承受多大程度的損失風險，而且這個風險值得去冒險。

　　為什麼要投資？我們要先解決通貨膨脹讓資產貶值的問題，進而追求讓資產增值的目標。

│ **現在買得起，20 年後肯定買不起了** │

通貨膨脹的影響力

　　前面提過，100 元現金如果沒有跟著通貨膨脹率一起成長，那實質購買力就會降低，原本一個 100 元的排骨便當，20 年後變成 175 元，而手中的 100 元到時就只能買到一杯珍珠奶茶，既然如此，還不如現在就先買個排骨便當或兩杯珍珠奶茶，不是嗎？

　　通貨膨脹不只會造成物價變貴、現金貶值，許多人容易在規劃未來生活所需費用時，卻以現在的心理價值估算。舉例來說，現在賣 100 元的排骨便當，在評估 10 年後的飲食費時，也是用一餐 100 元來計算，完全忘記物價會變貴的現實。「通貨膨脹」像一個怪獸會慢慢吃掉我們口袋裡的錢，以下就逐一探討通貨膨脹會影響的生活層面及金融決定。

💲 退休金

　　多數人在計算退休金時，習慣用現在的消費標準評估。例如目前每個月只需要 4 萬元就能擁有理想生活，就以一年 50 萬元的基準推算退休後需要的退休金額，並以退休後尚有 30 年餘命估算（66 ～

95 歲），就認為只需要準備 1,500 萬元（50 萬元 X 30 年）就夠用了。

事實上，50 萬元經過每年平均 3% 的通貨膨脹率，在經過在經過 30 年後僅等同於現今的 20.6 萬元的實質消費力，假設現在 35 歲，預估每年需要生活費 50 萬元，若只準備在 65 歲時達到年被動收入為現金 50 萬元，那時候的實質消費力就只有 20.6 萬元，而且退休後的每一年仍會受到通膨影響，所以 66 ～ 95 歲的每年消費力都將持續降低，一直到 95 歲那一年，50 萬元等於現在約 8 萬 5 千元的價值，一個月的生活費只有 7,072 元。所以，忽視通貨膨脹會嚴重錯估實際需要的退休金。

反過來推算，假如是目前 35 歲的你要在退休後保有如同現在一年 50 萬元的消費能力，30 年（66 歲）時每年需要的金額會是 121 萬元（現在的 2.43 倍），而且每年都會增加 3% 的通膨率，若光靠存款想達成所有退休金的需求，你將需要準備的退休金總額是 5,774 萬元，而非 1,500 萬（如表 1-2）。

30 年後要存到 5,774 萬元，你覺得有可能嗎？看到這裡，你是否感覺沮喪？若只靠薪資存款當然不可能，<u>所以投資就相對重要且必要了。你所存下的錢不能只有打敗通膨怪獸，還必須能增加資產，才能累積到足夠的退休金。</u>若生活費是從投資收益獲得，則需要的

【表 1-2】加計 3% 通貨膨脹的實際生活費用			
年齡	生活費	年齡	生活費
66	$1,213,631	81	$1,890,798
67	$1,250,040	82	$1,947,522
68	$1,287,541	83	$2,005,948
69	$1,326,168	84	$2,066,126
70	$1,365,953	85	$2,128,110
71	$1,406,931	86	$2,191,953
72	$1,449,139	87	$2,257,712
73	$1,492,613	88	$2,325,443
74	$1,537,392	89	$2,395,206
75	$1,583,513	90	$2,467,062
76	$1,631,019	91	$2,541,074
77	$1,679,949	92	$2,617,307
78	$1,730,348	93	$2,695,826
79	$1,782,258	94	$2,776,700
80	$1,835,726	95	$2,860,002

30 年總額：$57,739,011

製表／雨果

| 創造足夠的被動收入，退休後才能衣食無虞 |

退休金就會更少，例如退休後的退休金可獲得 6% 的投資報酬，就只需要存到 2,023 萬元的退休金，若再考量 3% 的通膨率，實際 6% 的收益只能動用 3%，另外 3% 需要滾入投資本金以維持購買力，這又是另一個主題了。

綜上所述，不要以現在的消費標準估算未來退休生活所需的費用。如果要維持一定的生活水平，你的退休金計畫必須要在 65 歲時，存到每年足以創造 121 萬元的被動收入才算達標，而非 35 歲時心裡所想的 50 萬元。

$ 保險金

「保險」是多數人的資產配置之一，有人會運用年金險準備未來可以多領的錢，也會以繳費 20 年的終身保險準備未來的壽險、醫療險或重大疾病理賠金，就如同退休金的準備，在計算未來所需的費用時，都必須考慮通貨膨脹的影響。

以年金險為例，每年保費 8 萬元、繳費 20 年，總繳金額是 160 萬元，20 年後的保單總價值為 200 萬元，表面獲利 40 萬元，看似有不錯的投資報酬 25%，但其實年化報酬率僅 1.12%，相當於把錢放在每年定存利率 1.12%，本利續存 20 年，只比當時的定存利率好一些，但還是遠低於 3% 的通貨膨脹率。

而且 20 年後的 200 萬元，實質消費力只等於投保第一年的 110 萬元，也就是花了 20 年存下的 160 萬元，即使保險公司多給付 40 萬元，到時候這筆錢的實際消費力只等於現在的 110 萬元，不是你以為的 200 萬元。

保險理賠金也是如此，許多人購買終身型醫療險，最高理賠保額上限為 250 萬元，以為留到年老時再動用比較划算，殊不知這筆理賠額度在 30 年後其實只剩下 103 萬元的價值，況且醫療費用也會

與時俱進的漲價。住院理賠亦然，以前一天理賠 1,000 元就足夠，現在日額 2,000 元是低標，如果你以為買了住院日賠 2,000 元就能高枕無憂，或許 10 年後需要住院時才發現基本住院日額已高達 3,000 元，當然有 2,000 元仍不無小補，只是這 10 年來因通膨而調漲的 1,000 元需要自己補貼。

所以，保險不要以為買了一堆終身型保單就能支應未來所需，因為現在的投保金額在十年後會因為通膨而不足，建議至少每十年都必須重新審視及調整保單理賠額度，以符合未來生活所需。

💲 貸款

對於存錢的人來說，通貨膨脹是敵人，但對於借錢的人而言，通貨膨脹卻變成朋友。因為現金會貶值，越晚償還，價值越低，所以銀行必須收取利息，而利率最好能彌補通貨膨脹甚至更高。

以房貸為例，銀行通常以本息攤還的方式計算每月固定的還款金額，假設房貸每月需要還款 3 萬元，貸款時間 30 年。在 30 年之後的 3 萬元還款，其實等於目前 12,400 元的實質消費力，現在繳的 3 萬元與 30 年後繳的 3 萬元，價值完全不同。對銀行來說，30 年後收到的 3 萬元還款金額，價值也與第一年不同，所以銀行對於借款

需要加計利息,而低於通貨膨脹率 3% 的貸款利率,以現在平均房貸利率 1.5% 來看,對於借款人比較有利,反之,則對銀行較有利。

通常 30 年後的收入也會比現在更高,到那時每月要還 3 萬元的壓力肯定比現在更低,老人家常說房貸會越還越輕鬆,實際因素就在於此。所以當銀行貸款利率比通膨率低時,欠銀行的錢可以越晚還越好,將貶值的成本讓銀行背負,如果貸款利率高過平均通膨率,就要盡快償還本金,因為吃虧的會是自己。

所以,如果你有信用卡循環利息(15% ～ 18%)、汽車貸款(7% ～ 10%)、信用貸款(3% ～ 6%),都建議越早還清越好,有大筆收入就優先清償本金,因為這些借款利率都比通膨高出許多,甚至也比投資報酬率高,未來房貸利率若因升息調高到 3% 以上,也會建議盡早償還房貸本金。

總結而論,通貨膨脹不只會讓商品變貴,同樣的因素更會影響生活上許多財務決定,在規劃未來財務需求時,不管是準備退休金,或是計算保險額度,一定要時時加計通貨膨脹的因素,才能做出正確的決定。

不投資只會慢慢變窮

　　放在銀行的存款就好像加在大水桶裡的水，平時持續存水以備將來無水時可以取用，不過這個水桶並沒有加蓋，而通貨膨脹就像太陽，無形中慢慢蒸發水桶裡的水，不管你有沒有加水，水桶中的水都會因為蒸發而變少，這裡指的是購買力降低，而非實際金額變少。如果加水速度比蒸發速度慢，雖然水仍會變少，卻能減緩水位降低的速度。若加水速度比蒸發速度快，就能持續增加水桶的水位，甚至要換更大的水桶來裝水。

我們無法為水桶加蓋避免蒸發現象，但可以透過投資，像是為水桶引來周圍的水持續注入，或是偶爾增加儲水量，只要注入的水越多，超過蒸發的量，就可以越快的增加儲水量，否則水桶中的水總有一天會因持續不斷的蒸發而枯竭。保守不投資，雖然不會虧錢，但也會慢慢變窮。

除了需要投資加速達成退休金計劃，其實退休之後也必須持續理財，投資是一件到離世前都必須要做的事情。舉例來說，假設你在 50 歲時繼承遺產 3,000 ～ 5,000 萬元，並決定不再工作，想要靠這筆錢度過餘生，如果都不投資，以每年花費 60 萬元，同時加計 3% 通膨率的情形之下，遺產金額的消耗速度如表 1-3 所示。

從表 1-3 可以看到，隨著 3% 的通貨膨脹率，每年 60 萬元的生活費會隨著年齡成長而增加，51 歲時需要 61 萬 8 千元才等同於 50 歲時的 60 萬元，到了 90 歲時就需要 195 萬 7 千元。如果這筆遺產都不進行投資的話，假設每年需要用的錢都花光，那麼 3 千萬元將會在 80 歲用完，4 千萬將在 87 歲用盡，即使有 5 千萬元也會在 92 歲時全部用完。由此可見，隨著年齡越大，累計的通貨膨脹越高，每年需要花費的金額也就越高，如果都不投資，即使有 5 千萬元也不夠退休後使用。

年齡	年花 60 萬元	3,000 萬元遺產	4,000 萬元遺產	5,000 萬元遺產
		【表 1-3】加計 3% 通貨膨脹，不同遺產金額的消耗速度		
50	$600,000	$29,400,000	$39,400,000	$49,400,000
51	$618,000	$28,782,000	$38,782,000	$48,782,000
52	$636,540	$28,145,460	$38,145,460	$48,145,460
53	$655,636	$27,489,824	$37,489,824	$47,489,824
54	$675,305	$26,814,519	$36,814,519	$46,814,519
55	$695,564	$26,118,954	$36,118,954	$46,118,954
56	$716,431	$25,402,523	$35,402,523	$45,402,523
57	$737,924	$24,664,598	$34,664,598	$44,664,598
58	$760,062	$23,904,536	$33,904,536	$43,904,536
59	$782,864	$23,121,672	$33,121,672	$43,121,672
60	$806,350	$22,315,323	$32,315,323	$42,315,323
61	$830,540	$21,484,782	$31,484,782	$41,484,782
62	$855,457	$20,629,326	$30,629,326	$40,629,326
63	$881,120	$19,748,206	$29,748,206	$39,748,206
64	$907,554	$18,840,652	$28,840,652	$38,840,652
65	$934,780	$17,905,871	$27,905,871	$37,905,871
66	$962,824	$16,943,047	$26,943,047	$36,943,047
67	$991,709	$15,951,339	$25,951,339	$35,951,339
68	$1,021,460	$14,929,879	$24,929,879	$34,929,879
69	$1,052,104	$13,877,775	$23,877,775	$33,877,775

70	$1,083,667	$12,794,109	$22,794,109	$32,794,109
71	$1,116,177	$11,677,932	$21,677,932	$31,677,932
72	$1,149,662	$10,528,270	$20,528,270	$30,528,270
73	$1,184,152	$9,344,118	$19,344,118	$29,344,118
74	$1,219,676	$8,124,441	$18,124,441	$28,124,441
75	$1,256,267	$6,868,175	$16,868,175	$26,868,175
76	$1,293,955	$5,574,220	$15,574,220	$25,574,220
77	$1,332,773	$4,241,446	$14,241,446	$24,241,446
78	$1,372,757	$2,868,690	$12,868,690	$22,868,690
79	$1,413,939	$1,454,751	$11,454,751	$21,454,751
80	$1,456,357	-$1,607	$9,998,393	$19,998,393
81	$1,500,048	-$1,501,655	$8,498,345	$18,498,345
82	$1,545,050	-$3,046,705	$6,953,295	$16,953,295
83	$1,591,401	-$4,638,106	$5,361,894	$15,361,894
84	$1,639,143	-$6,277,249	$3,722,751	$13,722,751
85	$1,688,317	-$7,965,567	$2,034,433	$12,034,433
86	$1,738,967	-$9,704,534	$295,466	$10,295,466
87	$1,791,136	-$11,495,670	-$1,495,670	$8,504,330
88	$1,844,870	-$13,340,540	-$3,340,540	$6,659,460
89	$1,900,216	-$15,240,756	-$5,240,756	$4,759,244
90	$1,957,223	-$17,197,979	-$7,197,979	$2,802,021
91	$2,015,939	-$19,213,918	-$9,213,918	$786,082
92	$2,076,418	-$21,290,335	-$11,290,335	-$1,290,335

製表／雨果

通貨膨脹會讓現金價值越來越低，如果不能有效投資，讓現金成長比通膨更高，消費力就會逐漸降低。進行合理的投資才能在工作期間提高累積退休金的速度，也能夠在退休後減緩甚至排除退休金消耗的速度，讓這筆退休金可以永續用不盡，甚至留給下一代或捐贈公益使用，所以每個人都需要學會投資。

為何要投資「股市」？

投資的選項非常多，舉凡房地產、土地、上市企業、黃金寶石、新創公司、連鎖餐廳、甚至名錶名畫，只要能達到保值，甚至是增值的方式都算是投資。那麼到底該選哪一種投資呢？

各種投資方式所要承擔的風險不同，預期可回收獲利的時間不同，可期待的投資報酬也不同，需要投入鑽研的時間更不一樣，投資人應該在自己能力，以及可取得的資訊範圍內，找到適合自己的投資方法。絕大部分人都認為，最容易入門的應該是投資上市櫃公司的股票。

　　只要到證券公司開立證券戶頭，存入一筆錢就可以開始買股票，不需要一大筆的資金，買賣股票也不用其他人同意，變現的流通性相當高，踏入股市門檻相對低。不像合夥公司要退股時，還需要其他股東同意，並商量找人接手股份，更要耗時費力進行一連串公司變更程序，而且轉手價格往往不透明。

　　當然，投資股票也有風險，譬如投資的公司經營不善，導致股價持續下跌或甚至下市，手中的持股變的毫無價值。但最常發生的並非是公司經營不善而導致投資人虧損，反而是投資人自以為很懂公司經營情況與股價波動，在大家一頭熱的時候高價買進，在熱潮過後股價回跌時賣出，造成買賣價差上的虧損，而公司經營卻很正常，都是投資人自取其擾。

　　這種情況十分常見，最主要的原因之一，就是對於要投資的公司毫無頭緒，所以容易從報章雜誌、網路論壇尋找別人介紹的股票，也因為從來沒有做過功課，就相信輕鬆獲得的市場消息且被說服，然後就跟其他也知道這則消息的人一樣，開始買進該檔股票，直到發現股價並不如消息來源保證的持續上漲，待帳面出現虧損時就趕緊出場，以認賠收場。

　　可能有些人會開始買書研究如何判斷股票買賣的時間點，特別

是技術分析相關的書籍，多種技術線型與籌碼面分析法林立，好像學起來就可以在股票市場買低賣高，輕鬆賺價差了。

但我相信很多人實際操作時才發現並非如此，這些方法都有太多的不確定性與變數，而且可能每一次都不一樣，讓投資人無法判斷且不知道如何因應。我也曾分享我以前剛開始學投資的十年血淚史與心得，我也是從虧損中慢慢成長的。

雨果的 投資理財筆記

存股族最希望看到手上的持股越來越多，每年可領取現金股利也越來越多，這種安定感與成就感，讓長年做個股價差買賣而經常虧損的人找到新希望。雖然無法一次大幅度獲利快速致富，但至少也提供一種能在股票市場穩定獲利成長的盼望。你可能也常看到財經專家倡導的長期投資，或是抱緊不賣等領股息，財富自來的存股方法，也是長期投資的方式之一。

穩定領現金股利累積資產

　　長年投資股市虧損的人，最後常會有兩種結果，一是從此退出股市，再也不碰股票，因為賠光也賠怕了；另一種則是改用買進長期持有的方式，每年等著領利率比銀行定存高的現金股利，也就是大家所謂的「存股」，把股票投資當作定存儲蓄，專門找現金股息殖利率較高的個股，這也是本書將要重點介紹的投資方法。

　　許多上市公司在盈餘之下，非常樂意將公司獲利以現金股利發給股東，所以投資人每年都會領到一筆現金股利。假設你買進 A 公司的股價是 40 元，因去年獲利不錯，今年公司股東會後決議配發 2 塊錢的現金股利，也就是你手上擁有 A 公司 1 股的股票就可以拿到新台幣 2 元，換算 A 公司當下的股息殖利率是 5%（2 元／40 元），假設用 40 萬元購買 10 張 A 公司的股票，等於手中持有 10,000 股，那今年在 A 公司除權息後就可領到 20,000 元的稅前現金股利，換算投資報酬率等於 5%（2 萬元／40 萬元），看起來似乎比銀行定存更好。

　　如果隔年 A 公司經營有術，業績開紅盤，股價上漲到 60 元，而

你仍持有的 10 張 A 公司股票，第二年公司股東會後決定配發 4 塊錢的現金股利，換算 A 公司當下的股息殖利率是 6.67%（4 元／60 元），但如果之前買進的 10 張股票仍持有在手，A 公司在除權息之後就可以獲得 40,000 元的現金股利，等待一年後的股息報酬率等於 10%（4 萬元／40 萬元）。這些現金股利可以選擇花掉，也可以再買入更多股票，擁有更多股份，讓隔一年可以領到更多現金股利。

第二章

投資之前的
預先準備

想要踏入股市買股投資需要先做什麼準備呢？首先你必須擁有證券帳戶，現在大型銀行多數都有證券營業項目，可以選擇平時有往來的銀行，前往距離自己較近的證券公司開立證券戶，有些銀行可以接受網路開戶，不需要本人親自跑一趟銀行，在開戶時需要注意券商的手續費折扣，手續費也算是交易成本之一。

節省交易成本，券商優惠比一比

股票交易時會產生兩筆費用，一筆是政府在賣出股票時所課的證券交易稅 0.3%，這筆是無法避免的交易成本。另一筆是券商在每次買賣股票時會收取的交易手續費 0.1425%，請參考表 2-1。

目前券商競爭激烈，越來越多投資人選擇網路下單，所以券商願意提供更多的手續費折扣以爭取投資人開戶。常見的折扣大約 6 折，也有部分證券公司提供電子下單手續費折扣 2 ～ 2.8 折，最低單筆手續費為 20 元。

【表 2-1】股票交易費用表

交易成本	買股票	賣股票	單位	折扣
交易手續費	0.1425%	0.1425%	券商	有
證券交易稅	無	0.30%	政府	無

【表 2-2】計算股票交易手續費、證交稅

兆豐金	買進	賣出	折扣後買進	折扣後賣出
張數	2	2	2	2
股價	35	36	35	36
總金額	7 萬	7.2 萬	7 萬	7.2 萬
交易手續費	100 元	103 元	20 元	21 元
證交稅	無	216 元	無	108 元
總交易成本	419 元		149 元	
實際獲利	1,581 元		1,851 元	

製表/雨果

所以在開戶時請向業務窗口詢問手續費的折扣優惠，有些網路開戶的券商直接給公定的折扣價，不需要特別詢問或要求窗口提供折扣。而自 2017 年起證券交易稅已調降為 0.15%，將延長至 2024 年底，如果券商提供 2 折的手續費，加上半價的證券交易稅，就能節省交易成本，表 2-2 試算兩者的差別。

想投資股票，完成開戶僅是第一步，讓你可以開始進行交易而已，然而投資股票並非保證賺錢，也常有帳面虧損的時候，如何好好存股，安穩領現金股利，或是等待股票價值上漲，在股市獲利，還需要學習相關投資觀念與做好其他準備。我們來看看投資股市前應該要具備的觀念與準備。

設定投資目標

在投資之前一定要先設定投資目標，這是我從多年投資無法獲利悟出的心得之一。相信許多人剛開始買股票的出發點，都是想要將銀行存款變多，想用錢滾錢賺到更多錢，但常常都是賺少賠多，

我發現關鍵原因在於「沒有明確投資目標」，所以不知道如何選擇投資工具，以及何時該獲利了結或停損。

投資目標包含兩個主要因素：時間與金額。舉例來說，本金10萬元，若想在一週內把本金變成20萬元，那需要的投資標的就不是股票或ETF了，而是期貨選擇權，而且要剛好碰到股市大漲或大跌，才有可能透過期貨選擇權在限期內獲利一倍。換個角度來看，如果要在一年內將10萬元變成20萬元，或許投資個股就有機會達到目標，所以「時間目標」扮演選擇投資標的時的關鍵因素。當然，伴隨機會而來的是「風險」，短期獲利越高的機會，風險也越大。

所以想要在一週之內將本金從 10 萬元變成 20 萬元，透過期貨選擇權有機會可達成，但也有可能將 10 萬元全部虧光。若是投資個股，有可能在一年內將本金翻倍，但也會遇到套牢一年都維持帳面虧損。而若是採用投資市值型 ETF 的方式，也不太可能在一年內將投資本金翻倍，想要達到 20 萬元的獲利目標，就只能透過存錢增加本金，投資 ETF 的報酬不會是達成目標的方式。

在設定目標時要有合理的時間與金額，透過風險較低的投資方法，才有較高的機會達成，而非用賭注的方式追求短期高額獲利。先了解多種投資方法的可期待獲利範圍、可能面對的虧損風險、長期執行的可能性與難易度，然後再規劃適合自己的投資理財目標與方式。

擬定無痛存錢計畫

要投資就先要有本金，有本金才能拿到投資股市的門票。大多數人的資金都是從薪資收入攢下來，存錢能力就決定有多少本錢可

以進行投資。

　　一昧的想省錢卻沒有方法是無法達到長期儲蓄，想要提高存錢比例就應該先從良好的消費習慣開始，清楚了解「必要」與「想要」的消費差異，維持生活品質而不盲目消費，這些都需要依靠有意識的消費，進而養成良好的消費習慣。

　　舉例來說，同樣都是三餐基本飲食的必要開銷，有的人特別注重健康養生，就願意多花錢吃比較好的餐點，或是花時間自己烹煮，用比較好的食用油與食材。有的人則在意生活體驗，願意撙節飲食費，簡單的路邊攤小吃就解決一餐，但願意在週末花上兩、三千元到各地觀光旅行，或是體驗各種 DIY 手作活動，豐富生活體驗。

每個人的消費習慣都不一樣，同樣一筆花費，有的人覺得值得，有的人覺得浪費，這並沒有統一標準，只有自己認為值得，在生活消費、人生體驗、與存錢之間取得平衡，才能長久執行無痛儲蓄。

　　透過記帳可以清楚了解自己花錢的真實狀況，幫助你回顧哪些消費是不必要或不值得，滾動式調整不必要的支出，逐步累積經驗，透過不斷的回顧與審視，最後形成自己的消費習慣。

雨果的
投 資 理 財 筆 記

　　大部分的人都因為覺得麻煩而不喜歡記帳，我在上一本書《聰明的 ETF 投資法》中也有提供我的預算管理與記帳方法，不但能學會輕鬆記帳，還可控制花費，更可藉此清楚知道每個月與每一年可以存下多少錢，然後規劃一套長期的存錢與投資方法。

只投保「必要的保險」

現在國人的保險意識高漲,越來越多人能接受買保險的觀念,但是有不少人會買很多不必要或不適合自己的保險,有些甚至對保險有錯誤期待,甚至最後造成紛爭。

保險最基本的觀念,應該是先從規避自己無法承擔的風險開始,例如在發生意外時造成的高額金錢損失,你無法支付這筆費用,或是會對你的資產造成嚴重損失,就可以透過保險將可能發生的風險轉嫁給保險公司。

保險的種類繁多,伴隨著不同的發生機率與理賠金額,而保費並不低,如果為了要避免各種風險,而購買各式各樣的保險,那每年要支出的保費將非常可觀。

對一般受薪階級,以及有規劃存錢投資準備退休金的人來說,我建議保險先買必要的險種就好,有能力再依個人狀況循序漸進,人生還是需要承受一定的風險,當你的資產累積越多的時候,所能承受的風險就會越高,不同的人生階段有不同的需求,有些保險在

過了某一個階段後反而就不需要了。許多人害怕投資風險，不敢將錢投入股市或其他具有虧損風險的金融產品，轉而選擇還本型保單、年金險、儲蓄險、分紅型、投資型保單等，當作存錢投資工具。

　　事實上，目前台灣販售的保險可以提供比定存更高的利率（或宣告利率），但頂多也只是追上通膨，並不會變得更有錢。當你需要以資產增長加速退休金累積的時候，保險型投資目前並無法達到目的，最多就只能達到存錢抵通膨而已，所以選擇這麼做的前提是：你的本業收入或是家裡原有的存款就夠高，不需要投資就可以存到需要的退休金。

準備好 6 個月生活週轉金

在開始投資之前，除了買好必要的保險，還需要存好生活週轉金，千萬不要把存款全部投入股市，這將注定是一筆虧損的投資。

因為股價有漲有跌，你不能期待買進股票後，股價就會一直往上漲，有時候股票帳面虧損會維持一、兩年，甚至更久。如果將所有資金都放進股市，想要加快賺錢速度，當某天突然有一筆資金需求時，若手邊沒有備用現金，就會被迫賣出手中股票換現金，這時候帳面上的虧損就被迫要實現了。

什麼情況會突然需要一筆大額度資金呢？例如暫時失業或換工作的空窗期，也可能因為生病或意外受傷無法工作，需要休養幾個月，或是意外造成他人受傷或財損，又沒有保險可以理賠，此時可能就需要一筆 20 ～ 30 萬元的現金來支付。所以生活週轉金建議最好準備 6 個月的生活費，或是半年的年薪會比較保險。

同樣道理，退休後一樣需要一筆生活週轉金備用，而且金額需求比工作時還要更高。如果退休後需要靠股市的投資被動收入當作

生活費，那你應該理解股價有高有低，現金股息時多時少，不可能期待每年都剛好符合需要的金額。所以當股息或被動收入不足以應付該年的生活所需，而股市又正處於低檔時，你就可以從週轉金挪用補足缺口，待股市恢復成長動能，再賣出部分股票或是將多領的股息補回週轉金帳戶，以免未來在需要用錢時被迫在低檔賣股。

了解股票市場邏輯

　　在明白投資前的準備動作之後，最後則是要知道股市的運作邏輯。想要投資股票，至少要了解何謂股票市場、股價變化的邏輯、有哪一些商品與交易方式，你才看得懂股市變化，而不是只像威力彩開獎，只要看隨機開出的號碼，再兌看看有沒有中獎，投資和投機是不一樣的思維，「知其然、不知其所以然」也是許多投資初學者都曾經歷過的階段。

　　基本上，想募集資金的企業在申請上市或上櫃之後，可以發行股份在股票交易市場上進行交易，一般民眾也可藉由交易市場用較

少的金額買進想要投資的公司，而交易價格就由投資人願意買進與賣出的價格自由交易。

所以企業上市上櫃的原因，主要是為了募集更多的資金拓展事業版圖，而投資人買該公司股票的原因是因為看好其未來發展的潛力，想成為股東與公司一起成長獲利，如同其他原始大股東可分紅配息一樣，股票公開交易市場則提供這樣的媒合機會。

由於每個人對於特定企業的價值認知不同，對於未來發展前景的期待也不一樣，所以對於股票價格的認知當然也不同。有的人只願意投資一股 10 元，有的人認為長期看好則願意用一股 20 元買入，而在 10 元買入的人不覺得該公司有每股 20 元的價值，所以就把手上持股透過公開交易媒合，將股票賣給願意用 20 元買入的人，因此就造成股價的高低波動。

共享獲利才是存股初衷

　　雖然原始初衷是讓一般人可以較少的金額成為大企業的股東，但因為價值與價格認知的不同，造成每次媒合時的股價變動，讓越來越多人看到短時間的價格波動是另一種獲利的機會，只要從想以低價賣出股票的人手中接手，再轉手賣給願意高價買進股票的人，簡單的買進賣出就可以在短期間內獲利。就像到巷口水果攤跟老闆買一顆 10 元的蘋果，然後拿到巷尾用一顆 15 元賣給另一家水果攤老闆，只因巷尾的水果攤老闆認為，他可以用 20 元賣掉這顆蘋果，中間人就可以在短時間內賺到價差。

　　當然，並不是每一次都能賺錢，因為在股市中，你並不知道巷尾的老闆願意用多少錢買下蘋果，你只能猜他願意用 15 元買這顆蘋果，所以你才跟巷口的老闆以 10 元買進他的蘋果，但當你買下蘋果之後去問巷尾水果攤老闆，才發現他只願意用 8 元買蘋果，這時候你有兩個選擇，一是等待另一個水果攤老闆出現，願意用超過 10 元的價格跟你買，另一個是直接賣給巷尾的老闆 8 元，直接認賠 2 元價差，然後再去找其他可能有價差可以獲利的水果。

　　有的人會選擇等待，他知道巷尾的老闆願意用 8 元買蘋果，他可以等到巷口的老闆願意用低於 8 元的價格賣出蘋果時再跟他購買，然後再拿去賣給巷尾的老闆來賺差價。也有人等不及，會想要趕快改買其他水果，例如再挑個鳳梨、香蕉、水蜜桃等，再嘗試拿去賣給巷尾的老闆，看能不能賺到價差，這價格大多是猜測或是靠運氣。

　　假如巷尾老闆發覺這幾天都下雨，水果產量可能降低，預期價格會上漲，當下他就會願意用比較高的價格買下這些水果，也可能

同時有別人從其他地方帶來要賣給他的水果，雙方就要比誰的價格比較低了，而這些都不可能預先知道。

另外，有些人實在不想認賠賣掉手上的蘋果，但一直拿著也不知道怎麼辦，於是乾脆想辦法去找了一塊空地，施點肥，把這顆蘋果當作種子種到土裡。與其現在賣掉認賠 2 元，不如期待種下蘋果，等一、兩年收成後可以獲得更多蘋果，只要可以收成 10 顆蘋果，就算一顆蘋果只賣 2 元，也可以賺到錢，這可能是更理想的結果，而這就是存股的概念。

可是種蘋果也需要靠運氣，手上的蘋果未必能成功發芽長大成樹，然後結出更多蘋果，有可能一等 3 ～ 5 年都等不到結出果實，也可能根本就沒有發芽，連唯一可以賣出 8 元的蘋果都損失掉了。所以有人開始研究哪一些水果比較容易發芽、哪一些水果容易結果，就只種那些水果種類就好。

不過，另一批人想出另一種方法，認為種植好種的水果獲利很低，而且這麼多人種植，到時候水果產量大、價格相對差，這樣的獲利與風險比例並不划算，而那些產量較少的水果價格高，價差空間大，如果也能種那些水果該有多好。

　　於是有人提出建議，大家有意願的一起出資，買下所有水果，然後找一塊比較大的土地全部都種到土裡，比較容易種的水果，發芽結果的機會高，比較不會虧損，而不容易種的水果一旦種成功了，就可因此賺到較高的價差，整體獲利也跟著提高，而這些所有水果的銷售獲利就由所有出資人一起分享，這就像是指數股票型基金ETF（Exchange Traded Fund）的概念。

　　你有沒有發現，最後種水果的方式，比較像是原本股票交易市場的原意，讓一般投資人能成為大型企業的股東，參與企業的成長並獲得分紅，而且這樣的操作方式比較能長長久久。

而買巷口水果攤的水果，拿去賣給巷尾水果攤的賺價差做法，較偏向尋求短期利益，買空賣空，但其價格卻受到心理、環境、競價、與突發狀況等因素所影響，買了巷口的水果，並不能保證讓巷尾的水果攤以更高的價格購買，這樣的不確定性會讓投資人時常處於心理煎熬的狀態。

雨果的
投資理財筆記

　　我建議大家可依照自己不同的需求與家庭財務狀況，選擇適合的投資方式與標的，先設定好要達成的目標，再去擬訂自己的投資計畫書。這樣才能早日達到「財務獨立、提早退休」FIRE（Financial Independence Retire Early）。

第三章

存股族看過來，
哪些股票最適合？

如上一章內容提到的「種水果」概念，在股市想要靠買賣賺價差獲利，需要面對的是各種不確定性，而且價格是由買賣雙方合意決定，並沒有一個合理的公道價，影響心裡出價的因素非常複雜，無法評估誰願意出高價或者出低價買下股票，在群眾恐慌的時候又特別明顯。

恐慌心理易影響交易決策

在 2020 年 3 月因新冠疫情造成股市恐慌時，我曾經以低價買進交易量少的特別股。在圖 3-1 中，原本正常價格在 25 元左右的 ATCO.G 特別股（票面價 25 元），因疫情恐慌出現拋售潮，價格於 3 月 9 日跌到 21 ～ 22 元，我把握難得的機會少量買進持有。

至於選擇進場是因為發行公司在特別股可贖回日起至到期前，可以用 25 元的票面價格買回，所以只要能買在 25 元以下的價格，而公司不倒閉倒債，就確定可賺到買進價至 25 元票面價格的價差，若正常配息還能賺到高於票面利率 8.2% 的利息。

【圖 3-1】2020 年 3 月，ATCO.G 特別股的交易價格

Search Results

Date	Transaction	Quantity	Description	Symbol	AcctType	Price	Amount
03/18/2020	Bought	50	***ATLAS CORP 8.20% CMLTV RDMBL PERPETUAL PREFERRED SHARES SERIES G INTERNET ORDER UNSOLICITED AVERAGE PRICE TRADE DETAILS AVAILABLE UPON REQUEST S/D: 03/20/2020	ATCO.PR.G	Cash	7.9968	-399.84
03/18/2020	Bought	50	***ATLAS CORP 8.20% CMLTV RDMBL PERPETUAL PREFERRED SHARES SERIES G INTERNET ORDER UNSOLICITED S/D: 03/20/2020	ATCO.PR.G	Cash	12.00	-600.00
03/12/2020	Bought	50	***ATLAS CORP 8.20% CMLTV RDMBL PERPETUAL PREFERRED SHARES SERIES G INTERNET ORDER UNSOLICITED AVERAGE PRICE TRADE DETAILS AVAILABLE UPON REQUEST S/D: 03/16/2020	ATCO.PR.G	Cash	14.955	-747.75
03/12/2020	Bought	100	***ATLAS CORP 8.20% CMLTV RDMBL PERPETUAL PREFERRED SHARES SERIES G INTERNET ORDER UNSOLICITED S/D: 03/16/2020	ATCO.PR.G	Cash	16.20	-1,620.00
03/09/2020	Bought	50	***ATLAS CORP 8.20% CMLTV RDMBL PERPETUAL PREFERRED SHARES SERIES G INTERNET ORDER UNSOLICITED S/D: 03/11/2020	ATCO.PR.G	Cash	21.00	-1,050.00
03/09/2020	Bought	50	***ATLAS CORP 8.20% CMLTV RDMBL PERPETUAL PREFERRED SHARES SERIES G INTERNET ORDER UNSOLICITED S/D: 03/11/2020	ATCO.PR.G	Cash	22.00	-1,100.00

資料來源／Firstrade
交易紀錄／雨果

到了 3 月 12 日時，恐慌持續發生，當天道瓊指數大跌近一千點，ATCO.G 特別股價格下跌到 15 ～ 16 元左右，如果有關注特別股或 ETD 公司債（Baby Bond）的人應該可以了解，這些票面發行價格 25 元的固定配息產品，平常價格都在 25 ～ 28 元之間，跌破 20 元

以下真的非常難得，也代表投資人非常恐慌。最誇張的是 3 月 18 日，我故意用 12 元低於當時成交價想要試試看是否會成交，想不到居然有人真的願意賣在 12 元，而我也如期買進，在見獵心喜之下，我又馬上送出開價 8 元的買進價，想說不可能這麼誇張還買得到吧！結果不到 10 分鐘就成交了，這檔特別股當天價格下跌 50%，而且最低價就是我亂出價的 7.9968 元。

上述案例是想表達買賣價格無法預期，如果人心恐慌時，這種交易量少的標的，就連僅花 400 美元的亂出價方式，也可能影響市場成交價，把價格從 12 元再往下拉到 8 元，跌到我都不敢再往下出價繼續買了。想要買賣賺價差的風險就在這裡，自以為可以預期，但其實價格是由大眾決定，你看再多的新聞、研究再深入的財報、蒐集再多的資訊或許也沒有多大幫助，因為短期交易中，決定價格的是多數群眾的共識與資金，而非任何人認定的合理價格。

所以長期持有獲利穩定或是市場尚在成長的股票，等待股價反應出其企業成長後的價格，或是每年發放的股利分紅，就是投資人比較安穩的股市獲利方式。因為長期持有股票抱著不動，等待每年的股利分紅再加碼增加持股，就很像存在銀行裡本息續存的定存，所以常被稱為「存股」。

投資老手也愛「存股」

　　前面解釋過要靠買賣個股來賺價差真的很困難，多數人都想藉由一些資訊、數據、圖表，作為判斷未來的股價會往上還是往下走的參考依據，但實際上短期的股價變動是由眾人的群體意識決定，而且不斷在變化，也很容易被操控。長期在股市賺不到錢甚至虧大錢的人，最終會選擇永遠離開股市，或是乾脆買進等領股息，放著不要理它，所以有很多身經百戰的股市老手會選擇「存股」。

　　如果你的身邊也有認識常在股票市場短線殺進殺出，想要靠著短期買賣賺價差而快速致富的朋友，建議你向他推薦本書，或許重新考慮以「存股」方式讓投資更順利。建立好投資觀念、心態、指數投資與資產配置的方法，以及正確的投資心態，避免炒短線，搭配本書直接教導的執行方式，讓你在股市投資中能更有信心！

最常見的存股標的：
銀行金融、公共事業、民生食品

　　既然存股的目的是想要長期持有，並且參與企業的成長過程與股利分紅，許多人選擇存股標的有兩大基本條件與原則：

基本條件

1. 不會倒閉：企業能長期經營，不會倒閉讓股票變成壁紙。
2. 獲利穩定：企業穩定獲利，每年都能向股東配發股息分紅。

基本原則

1. 長期持有：股票至少持有 10 年以上，不用擔心企業獲利衰退、被產業淘汰或倒閉問題。
2. 持續買進：持續買進不賣股票，並將配息持續買進，增加持股。

　　既然要存股就要像定存，可以安心的一直買，有閒錢就買，賺取每年穩定配發的利息，然後再滾入本金繼續存，讓本金不斷地變大。存股也是相同道理，要能做到有閒錢就買進股票增加持股，並且將每年配發的股利都拿來買股份，讓持股數不斷增加，每年有更多的股份可以收股利分紅，如此達到長期複利的效果。而符合以上兩個存股條件的企業，大致上分為三大類型：

💲 第一類型：銀行金融類

　　許多人存金融股是因為，金融股「大到不能倒」，當銀行或保險公司經營不善時，政府幾乎都會介入，尋找其他銀行或保險公司接手，因為大型金融企業一旦破產倒閉，影響的可是數十萬人的資產。

　　難道存股就只要公司不會倒閉就好嗎？當然不是，如果只要公司不會倒閉，股票不要變壁紙，那不要買股票就好了。投資股票想賺錢，當然是希望股價上漲，否則現金股息就要配的夠多，而股價漲跌沒人說得準，但高股息配息率卻是有明確的歷史資料可查詢。有許多公司都可年年配息，配息殖利率 5% 以上的公司也不少，但投資個股就是將資產壓在單一公司，如果股價漲跌無法估算，那至少選不會倒的公司較安全，只要現金股息配的穩定、配的高，就可

判斷是值得投資的存股標的。

　　但並非每一家金融股都是適合存股的對象，經營有好有壞，也有官股與民營的區分，投資人還是要比較該公司的獲利情況、逾放比率與呆帳覆蓋率、股利發放率等相關細節。而存金融股有一個缺點，就是不能太期望股價有顯著的獲利，金融股算是景氣循環股，如果景氣不好，股價可能會維持在低檔多年，而股本大也不能期待金融股會變成狂飆股，通常每天的股價波動都不大，這或許是壞處也是好處。

💲 第二類型：公共事業類

　　公共事業類的公司提供的是民生基礎需求的服務，包括電力、瓦斯、水、電信、甚至是有線電視等屬於特許行業。一來企業獲利穩定能夠穩定配息，二來其具有高度重要性，政府不會放任這些公司倒閉，其實特許行業的市場競爭並不高，幾乎都是獲利良好的企業，因為不管景氣如何，民眾就是需要付費使用他們的服務。

　　例如前三大電信公司一直都是中華電信、台灣大哥大與遠傳電信，中華電信雖為民營企業，前身為國營企業仍有官股色彩，不可能倒閉，加上又是獨占性產業，現成的護城河無法打破，營運獲利與配息相對穩定，跟金融業差不多。電信類股在過去是優良的存股

名單，配息穩定，股價波動小，而且在股市不好時還可能成為避險標的，例如 2020 年 3 月台股發生的股災，中華電信就展現抗跌特性。

可惜隨著智慧型手機與網路吃到飽的普及之後，電信業的一般消費性收費模式限制營業成長。以前電話為主要聯絡管道的時代，打得越多就收的越多；現在進入網路時代，不管你用 Line 打了多少語音電話，用了多少網路流量，每個月的收費就是固定的金額，甚至連國際電話費的收入都大幅降低。

以中華電信為例，其股東權益報酬率（ROE）近年來越來越低，已接近 100% 的配息率，每年的現金股利也不如往年，還要繼續投資 5G 基地台的建設，資本支出也高，影響整體收益。不過，若只求投資類似銀行定存，本金大幅損失的機會低，每年可穩定領現金股利，不期待可以額外賺到更多股價增幅，電信類股仍是可考慮投資的股票。

$ 第三類型：民生食品類

民生食品類就是販售基本民生用品的公司，景氣好時，消費者可能會多買；景氣不好時，能夠節省的也不多。舉凡統一（1216）、中華食（4205）、南僑（1702）、聯華（1229）、大統益（1232）、

卜蜂（1215）、大成（1210）等食品類股，就算景氣再差，大家都需要吃飯，而且也幾乎不會影響去超商消費的意願，這類型的民生食品股也是很好的存股對象。

雖然這些公司沒有不會倒閉的無敵金身，但因其產業特性，若無莫名其妙的投資或非法行徑，這些食品廠要做到虧損也不容易，原物料的漲價要轉嫁給下游廠商也不是太困難，其獲利算是穩定。以統一超（2912）為例，從2010年金融海嘯過後的股價75元到現在股價261元，12年漲幅達248%，公司維持穩定的獲利，唯一缺點是股息殖利率較低，通常只有3%多，但股價增幅足以彌補較低的股息殖利率。

再看中華食（4205），自2008年以來，其毛利率都在30%～45%之間，淨利率從2015年之後也持續增加，同時反應到近4季股東權益報酬率（ROE）從11%提高到20%，股價也從2015年初的38元來到107元，成長182%，可惜殖利率也從未達到5%以上。

以上提到的三大類型都是存股好對象，但我認為存股其實有更好的選擇，雖然這三大類型的公司倒閉風險低，營運成長也都能維持，在遇到景氣低潮時也都有穩定獲利，不至於影響股價太深，但畢竟都是個別企業，若長期投資20年來看，誰也無法保證能維持良

好營運，而單一公司也未必能保證長時間的在業界保持領先，投資人還是需要花時間了解各家公司的營運狀況，甚至需要考慮賣出公司營運不善的股票。

輕鬆存指數股票型基金（ETF）

　　如果對於個股研究與選擇有困難，不知道哪一家公司可以長期維持良好的競爭力，長期配發高的現金股利，或甚至根本就不想多花時間研究，我更**推薦投資 ETF（ETF, Exchange Traded Funds），也就是「指數股票型基金」。**

　　ETF 更沒有倒閉的風險，手上股票不會變成沒價值的壁紙，就算規模太小或淨值太低要被清算，投資人也能拿回資產清算後分配到的現金，而且 ETF 每年都有 1 ～ 2 次替換成分股的機會，把不符合條件的公司淘汰，換成表現更好的公司，投資人根本不需要傷腦筋。至於 ETF 是否有穩定的獲利能力呢？之後的章節將會深入介紹。

還記得前面講過種水果的故事嗎？有一群人不知道該種蘋果還是香蕉好，乾脆大家集合資金，買進各種水果，再找一大塊土地，種下所有水果，裡面有容易發芽與收成的水果，也有不容易結果實、但售價很好的水果，所有水果一起種、一起賣，獲利的所得由所有出資人一起分享，這就是共同基金或是 ETF 的概念。

　　但有的人不想要種所有的水果，因為太難管理，他只想種長在地上的水果比較方便採收，有的人只想種容易結果實的水果，比較不會虧本，也有的人只想專心種不容易結果實但高單價的水果，種植成功的話，獲利比較豐厚。所以這些不同想法的人，自己也集結資金，另外找了一塊地種他們想種的水果，於是 ETF 就有了很多不同功能與目的的類型，自然其特性也就不一樣。

　　這邊引用台灣證券交易所對於 ETF 的解釋，「ETF 英文原文為 Exchange Traded Funds，中文稱為指數股票型基金，是一種由投信公司發行，追蹤、模擬或複製標的指數之績效表現，在證券交易所上市交易的開放式基金。ETF 兼具開放式基金及股票之特色，上市後可於初級市場進行申購或買回，亦可於次級市場盤中交易時間隨時向證券商下單買賣。」

　　簡單來說，可將 ETF 視為一檔可在股市交易的基金，每檔 ETF 都

有一個要追蹤與模擬的指數績效（選股規則），包含許多符合選股規則條件的個股，投資人買進一股或一張該 ETF 的股票，就等於同時擁有 ETF 所持有的所有個股，好處是可將投資大量分散，避免持股集中在少數個股的風險，將投資績效集中在少數個股的經營表現上。

就如同前面種水果的例子，有的人所有水果都想種，有的人只想種長在地上的水果，有的人只想種有高收成率的水果，也有的人想種各種高經濟價值、高單價的水果。ETF 同樣也有分為買下大多數市值排名在前面的企業股票，有專門只挑經營穩定且配息高的個股，也有只挑半導體產業的公司，或只挑選跟 5G（第五代行動通訊技術）製造相關的公司。近幾年 ETF 的市場接受度越來越高，推出的種類與數量也越來越多，投資人對於挑選 ETF 也開始產生困惑及障礙，到底哪些 ETF 才符合想要存股的條件呢？

雨果的
投資理財筆記

> 所謂「存股」通常是想長期持有以等待獲利，故我不建議買進針對單一國家、單一地區或是特定產業、特定國家或地區的 ETF，例如越南或東南亞地區等，若沒有把握在未來 20 年都能維持良好的發展，反而會增加投資風險。

選擇「指數型 ETF」，更安心存

　　假設你是初入股市之人，自認沒有能力挑選個股，又懶得花時間研究個股，大盤指數型的 ETF 可能是最適合的選擇，套用八二法則，市場上大約有八成都是沒有選股能力的人，另外的兩成中可能也有八成是自以為有能力分析挑選個股的人。大盤指數型 ETF 通常指其漲跌績效會追蹤大盤指數，讓 ETF 的漲跌幅度盡量貼近大盤漲跌，最簡單的做法就是依據比例持有大盤指數的成分股，例如：台灣卓越 50（0050）持有大盤指數裡排名前 50 大市值的股票，具有約 70% 的大盤代表性，再加上台灣中型 100（0051）的 100 檔股票，組成市值前 150 大的個股，就具有約 85% 的大盤代表性。

　　以種水果為例，不知道要如何選擇時，乾脆把所有市面上看得到的水果全都拿來種，不管是種到可以賣好價格還是會虧錢的水果，全部概括承受，只要大家愛吃水果，整體水果銷售市場有持續擴大的趨勢，最後總結能夠獲利就是好的投資。選擇此一方式的優點就是：不用去猜今年哪一種水果比較好種，哪一種可以賣到好價錢，甚至擔心哪一種水果會種不出來。

當然也非一定要種下所有水果，但至少種植的水果類型要夠多，包含在不同季節收成的水果，有樹上型、地上型、藤蔓型等不同生長型態的水果，才能在每個季節都有水果收成，也不會因為一次風災或淹水就造成所有損失，簡單來說就是分散風險，也分散機會。例如台灣有追求 ESG 永續經營標準的元大臺灣 ESG 永續（00850）與永豐台灣 ESG ETF（00888），也有強調良好公司治理的富邦公司治理（00692），雖然不是標準的市值型 ETF，但持股內容已包含多種產業類型，公司也具有一定的規模與獲利能力，可以達到投資分散的效果。

同樣的道理，有些類型的 ETF 就不建議當長期存股標的，譬如單一國家、單一地區、或是特定產業，就像是水果若只選擇種植某一種類型，或是只會在某一季節收成。所謂「存股」通常是想買進後持有，期望 10 年、20 年後的成長獲利，如果是投資特定國家或地區的 ETF，像是越南或東南亞地區，我們沒有把握在未來 20 年都能維持良好的發展，反而增加投資風險。而針對台股 ETF 和全球 ETF 的選擇和介紹，我們會專文在後面第 4~6 章中詳細說明。

另外，投資電動車、5G、元宇宙等特定產業，有可能只是近幾年流行的話題，或是發展了 10 年後就被新科技取代，想要選擇產業型 ETF 必須有產業分析能力，無法放心的一直存著，所以想要不花

時間做研究的投資人，存股就要選擇投資越分散的 ETF 越好，而且市值型的 ETF 持股其實也都包含這些產業，不需要為了賺更多而去鎖定特定產業。

「指數化投資法」可穩定致富

關於如何投資股票，建議採用「指數化投資法」，原則是盡可能用最低的成本獲得最貼近市場的報酬，**最簡單的說法就是：選擇最低管理費的指數型 ETF，買下該市場最多的公司。**

指數化投資並非只是「一直買、不要賣」的無腦投資法，反而是需要用點頭腦搞懂股市運作的人，在權衡獲利、風險、時間、與所需投入的精力下，了解這是相當高 CP 值的方式，才會認同「指數化投資法」。「指數化投資法」是透過股票交易，例如購入低成本的指數股票型基金（ETF）、盡量分散資產配置，以及買入持有等方式，透過指數化投資，投資人可以花費最少的研究時間，以獲得理想報酬，散戶透過指數化投資法不需要選股，不需要研究，就

能立於不敗之地，讓資產可以隨著經濟市場繁榮而一起增值的方法，而且可以運用一輩子，並非是一條讓你快速致富，短時間財務自由的捷徑。

「指數化投資法」除了運用投資方法讓資產增加，你更需要做的是「資產配置」，將資金規劃分配到不同屬性、不同目的、與不同需求的資產上，分散資產在未來會因為發生某事件而大幅縮水的風險，就像是將投資的股票分散到各個產業，甚至各個國家。

雞蛋不該放在同一個籃子裡。舉例來說，手上所有的現金不能全部用來買股票，而是分配部分資金購買保險來規避無法負擔的風險，再分配部分放在銀行定存，在急需用錢時才能有一筆現金使用，若是能力好的人也建議提撥部分資金置產，買一間不管是自住或投資的房產，或是持有外幣也行。

我們再以前述的種植水果為例，如果全部都種水果，碰到嚴重的病蟲害或是天災，多數的水果會受損或無法採收，那也是滿嚴重的損失，若是分配部分資源到養雞、養魚或是種地瓜也行，把資源分散到不同類型的養殖產品，彼此的好壞不會互相影響，就可以降低整體收益與損失的波動。

將資產依喜好的比例分配在不同屬性的資產，可以分散多種資產的風險，也增加多種資產獲利的可能性。當台灣股市大漲時，放在定存或債券的收益可能沒有股市高，但定存與債券可提供穩定的配息收益；當碰到台股大跌時，也有持續的被動收入可以加碼股市。或許是因為碰上美國升息，海外資金逐漸回流美國造成台股大跌，但手中持有的美元匯率上漲，在一漲一跌的抵銷之下，資產損失就會比完全持有台股的人更低。所以，定期做資產再平衡也相當重要。

先了解自己的投資類型

前述已知，投資理財至關重要的環節就是「資產配置」，但並非是看當下經濟環境而一直調整，以為現在美元會上漲就將資金大量換成美元，之後看到專家看好黃金，就又將大量美元換成黃金，在不同資產間頻繁地換來換去，反而徒增風險。資產配置要規畫的是：在不同風險與預期報酬的資產之間去分配資金比例。

譬如積極型投資人，可能會想將七成的資金放在股市，兩成放

在債券，一成放在定存。若是保守型投資人，就只會放四成的資金在股市，四成在房地產，兩成放銀行定存。

💲 資產再平衡

上述的資產配置比例理論上必須維持固定，因為這是評估過風險承擔能力與期望報酬後所做的決定，保守型投資人只願意將身家財產放四成在股票市場，如果這時股市上漲，資產比例變成六成，就應將股市的部分資產挪移到其他比例比較低的資產，把股票資產調整回整體資產的四成，這就是所謂的「資產再平衡」。如果不做再平衡，等於是讓資產的六成比例在承擔股市的波動風險，這就與一開始所評估的風險承受度與資產規畫方式不符合了。

不要以為把錢放在最容易賺錢的地方就是最好的方法，因為不管是哪一種資產，都會有上漲與下跌的時間，而絕大多數人都不會知道這一波上漲與下跌會維持多久，而何時會反轉趨勢。所以，最簡單的方式就是規劃好資產配置，然後定時或不定時檢視，將資產比例調整平衡回原本的規劃比例，其他的就交給市場機制去運作，我們無須過多關心，其實也無從關心，因為絕大多數人都不懂也使不上力，所以也就不用特別關心。

圖 3-2 是以股票與債券的資產配置為例，透過 PORTFOLIO VISUALIZER 網站統計過去的績效數字，簡單採用代表美國市場的 ETF（VTI）與美國 7～10 年期中期公債 ETF（IEF）進行比較，圖中的 Portfolio 1 是 100% 持有美國市場的 VTI，Portfolio 2 是 80% 持有 VTI，加上 20% 持有中期美債 IEF，並且固定每年執行一次資產再平衡，從 2003 年單筆投入 1 萬美元，一直持有到 2022 年 7 月的績效表現。

　　這段期間經過 2008 年的金融海嘯，股市修正 50%，還有 2020 年的疫情風暴，股市修正 30%，也經歷了這兩個風暴之間長達 11 年的多頭行情，還有 2020 年 3 月後因為疫情而實施的無限量化寬鬆政策（Quantitative Easing），讓美國道瓊指數（Dow 30 index）由低檔反漲一倍，美國那斯達克指數（Nasdaq index）從低檔反漲 1.35 倍。

　　如果只看結果，確實 100% 持有 VTI 的 Portfolio 1 所獲得的績效比較好，因為這個資產 100% 承擔了股市的風險，自然也會從股市獲得比較高的收益。而 Portfolio 2 將 20% 的資金分配到風險與預期報酬都較低的美國中期公債，自然可預期最終整體績效會比 100% 持有股票的 Portfolio 1 低。

　　可是，從圖中虛線框所示，從 2009 年到 2013 年的區間，

【圖 3-2】VTI (100%) 與 VTI (80%) + IEF (20%) 執行再平衡的績效表現

Portfolio	Initial Balance	Final Balance	CAGR	Stdev	Best Year	Worst Year	Max. Drawdown	Sharpe Ratio	Sortino Ratio	Market Correlation
Portfolio 1	$10,000	$71,612 ❶	10.58% ❶	15.00%	33.45%	-36.98%	-50.84% ❶	0.67	1.00	1.00
Portfolio 2	$10,000	$60,386 ❶	9.62% ❶	11.62%	26.14%	-26.00%	-39.31% ❶	0.75	1.13	0.99

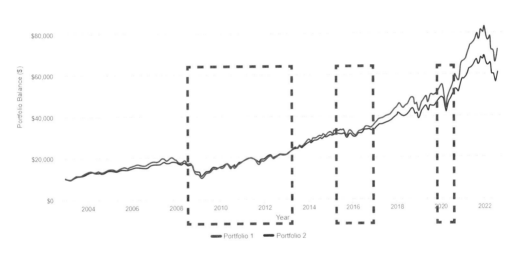

資料來源／PORTFOLIO VISUALIZER 網站

Portfolio 2 的績效比 Portfolio 1 高，也就是在經歷了股市大跌 50%
的金融海嘯後，有配置債券資產的方式，在這四年的時間裡投資績
效比較好，還有在 2016 年與 2020 年股市回檔的時候，這兩種資產
配置方式的績效也都很接近。

我想透過圖 3-2 來表達，**雖然將部分比例的資金分散到其他風險較低的資產，讓資產成長速度比較慢，但降低波動也會讓投資人的心情與判斷不容易受到影響，更能穩定的執行投資計畫**。而且如果剛好在 2009 年與 2013 年間需要動用這筆錢，賣掉部分股票換成現金，這時候來看投資績效是比百分百只持有股票的方式更好。

此外，應該要更關注的是所規劃的資產配置方式能不能達到需要的財務目標。如果收入不高，能進行投資的資產相對較低，那就需要承擔比較大的風險，規劃比較高比例的資產在股市以達到目的。若你本業收入不錯，目標也不是離譜的高，可能只需要冒 50% 的風險在股市，其他 50% 的資金放在比較安穩的資產，就可以達到規劃的財務目標，不需要積極追求風險與報酬。

資產再平衡有兩種基本執行條件，**第一種是固定時間進行再平衡**，例如：設定好每年一月的第一週做資產再平衡，將手上超出規劃比例的資產賣出超額的部分，買進比例不足的資產。**另一種方式是依據資產偏差比例**，舉例來說，原本規劃 A 與 B 兩種資產的比例為 60：40，一旦偏差到 10% 以上（70：30 或 50：50）就執行再平衡。下一個章節，我將實際演示如何執行資產再平衡。

第四章

開始定期定額存 「台股 ETF」

從這一章節開始，我會以較實務，手把手的教你如何執行資產配置與再平衡。先以初入股市的初學者角度來規劃，用最簡單的方式從台股開始，一步一步分享透過台股執行指數化投資與資產配置的方法，後續章節將會分享更多其他 ETF 的選擇，然後進階到海外市場，透過美股進一步投資全世界，避免將投資產業大量集中在電子與半導體業，透過美股能更分散到其他民生、基礎建設、軟體科技與服務、甚至是軍工業與飛航產業。

「0050、0051、006208」
指標性台股 ETF

這本書不會針對每一檔個別的 ETF 做基本資料介紹，想了解的人也可透過 MoneyDJ 網站查到台灣與美國各 ETF 的基本資料，包括創立時間、市值、主要持股、與追蹤的指數等。這裡只會重點解釋我個人特別推薦的 ETF 選股邏輯與特色，讓你在選擇 ETF 時能清楚其特性、可能會受到的影響、投資報酬的期待、與該注意的地方。

　　在台灣股市想要投資追蹤大盤指數的 ETF，第一選擇莫過於元大台灣卓越 50 基金（0050），另一個相同的選擇是富邦台灣采吉 50 基金（006208），這兩檔擇一即可。

　　這兩檔 ETF 主要持有台股市值前 50 大的上市公司，對台股大盤指數有 70% 的代表性，指數目標就是追蹤台股大盤績效，而元大台灣中型 100 基金（0051）持有的是台股市值介於 51 ～ 150 的中型規模企業，如果同時持有 0050 與 0051，就相當於持有台灣前 150 大企業的股票，對台股大盤指數約有 85% 的代表性，若想簡化持股數量，0051 就並非必要；我自己個人偏好的投資選擇是 0050。

　　定期定額的好處是可以平均投資成本、分散時間與股價的風險、更能透過銀行的自動化投資，不會忘記或受當時的投資環境所影響，也不需要每天看盤尋找買點。

　　股價每天漲漲跌跌，上漲時不敢買怕追高，下跌時也不敢買怕續跌，如果每次都要靠自己交易，容易無法按照紀律確實執行，所以透過銀行的定期定額服務自動買零股，可以解決此困擾。

　　固定購買並長期持有，在累積一段時間後可取得該段時間的平均持股成本，不用太在意自己在哪個月買高了，或太開心在哪個月

買到低點，因為這些高低點都是相對的，若跟 10 年後的股價相比，現在看到的價格很可能都是相對低點，定期定額的好處是在於可以避免單筆大額買進後就碰到股市崩盤，這個損失可能要等待很長的時間才能彌補回來。（App 設定定期定額的方法請見 p103-106）

不定期不定額以備不時之需

除了定期定額，也建議同時採用不定期不定額，如果每月存下 15,000 元買股票，可以設定定期定額 10,000 元，另外 5,000 元先存在銀行戶頭，未來幾個月內如果碰到股市不理性的回檔或是突然大跌，就可以動用這筆資金單筆加碼。如果暫時沒有加碼機會，這筆錢就當作備用金，如果臨時有需要大筆金額的支出，而生活費的存款不夠時，必要時就可挪用這筆資金。

這筆不定期不定額的資金不需要多，也不能多，若累積很多就表示有一定比例的資金沒有投資到股市，這與原本的規劃不同，這筆資金只是預備用在未來若有大跌情況發生時可以加碼，若都沒有

發生，還是應該要單筆買進股票，不要讓這筆錢一直存在戶頭。例如前面舉例每個月有 5 千元是累積在銀行戶頭，當累積到超過 5 萬元時，就可在適當時機直接加碼買進，再把資金投入股市。

　　若未來幾個月的股市一直上漲，那麼這筆資金不就會買到比較貴的價格嗎？沒錯，若是上述情況確實是會買貴，相對的，若是股市下跌也能夠買便宜一點，這就是取捨，不定期不定額可彈性運用，如果你不想如此麻煩，也可以將 15,000 元全部都設定好定期定額，因為相較於 10 年或 20 年後的價格，目前落差幾個月的價差，可能之後來看都是微不足道，不需要太在意現在是買貴還是買便宜。

「股票＋定存」雙管齊下，做好資產規劃

　　我們提過每個人一定要做資產配置，在股票交易上也可以做好不同投資資產的配置，**資產配置最重要的概念就是投資的資產彼此之間不會互相影響，兩者不要有絕對的連動關係。**若只有投資台股，

最簡單的資產配置就是現金，放在銀行的現金也是一種資產，可以選擇活存或定期定存，而且不管股市大漲或大跌，都不會影響放在銀行裡的現金。

依據自己的風險承受度與投資目標需求，決定資產的分配比例。譬如積極型的投資人可以將投資資金的 80% 放在股市，剩餘的 20% 放在銀行定存賺取利息，不管股票漲跌，這 20% 的資金就是安全的賺取定存利息，它同樣也會帶來獲利只是比較少，但當你需要在股市加碼資金時，這筆定存現金就隨時可以動用。

就如同平常買賣個股，當看好一檔標的時，大部分的人不至於會一次梭哈，投入所有資金買進，通常會先買幾張試試水溫，然後再看股價發展決定是否加碼，或是暫時觀望，而這時手上應該還有不少現金。之後可能股價下跌了，但你覺得公司營運不變，反而出現更好的機會用更便宜的價格買進股票，於是動用現金再買進幾張股票，直到現金快要用完，或是公司營運出現轉變，又或是找到另一檔覺得更好的股票，才會將手上資金重新分配。

一般人通常都不會把資金用盡，許多專家建議至少留 20%～30% 的資金在手，若碰到非理性下跌時才有本錢可以加碼，逢低攤平。同樣的資產配置概念執行起來也與之相似，保留 20% 資金在銀

行活存或定存，等到適當時機時可能就會需要動用這筆資金加碼，
只是我所要建議的加碼方式與概念不太一樣。

　　一般投資人是看股價、看消息、看信心、看投顧老師建議，才
考慮要不要加碼，而我建議要有固定條件的加碼，當條件一到就執
行，不需要聽誰的意見，也不需要管當時財經台的任何資訊，因為
這些都不是評估因素，只要按紀律執行就對了。

八二法則，執行資產再平衡

　　規劃好股票、定存的資產配置之後，以前面提到的原則 80% 資
金買進 0050 與 20% 資金放在銀行定存，接著就是規劃執行資產再
平衡的條件了，所謂資產再平衡就是把已經偏離所規劃的資產分配
比例再調整回來。舉例來說，我願意將 80% 的資產用來承擔股市
的漲跌報酬與風險，20% 放在安全保本的銀行定存，若一段時間後
股市上漲 30%，導致我的整體資產比例變成股票資產占 84%，銀
行定存在獲得 1% 利息後還只占 16%，這時候我在股市所要承擔風

險的資產比原本規劃的多 4%，此時就要將資產比例調整回 80% 與 20%，這就是「資產再平衡」。

實際做法是：先計算股市與定存的整體資產總和，接著重新計算 80% 的股票資產市值，超過的金額就要賣掉持股換成現金，然後將現金放進銀行定存，把資產比例調整回 80% 比 20%，操作方式如表 4-1。

如表 4-1，假設一開始的資產是 100 萬元，投資 80 萬元購買元大台灣 50（0050），還有 20 萬元放在銀行定存，當股票上漲造成資產已偏離原本的分配比例時，表中 0050 上漲 30%，而銀行定存也拿到 1% 的利息，此時就需要將過多的股票資產賣掉，換成現金放入銀行定存，把資產分配比例再平衡回 80% 比 20%，所以這時應該要賣掉價值 46,400 元的股票，並將這筆現金改放到銀行定存，股票價值從 104 萬元回到 99.36 萬元，而定存金額從 20.2 萬元增加為 24.84 萬元。

過去常聽到專家說股票漲多要獲利了結，股票下跌要逢低攤平，這一句話說起來很簡單，但是執行上卻相當困難。因為我們不知道怎樣才算是漲多，10% 算多嗎？還是要 20%、30% 或 50%？下跌 10% 該拿現金加碼攤平嗎？還是要等 20%、30% 或 50%？過去在

【表 4-1】股市與定存資產再平衡操作

資產種類	股票（0050）	銀行定存	總資產
資金	80 萬元	20 萬元	100 萬元
資產比例	80%	20%	100%
獲利後資產	104 萬元 （獲利 30%）	20.2 萬元 （獲利 1%）	124.2 萬元
獲利後資產比例	83.74%	16.26%	100%
執行再平衡	賣出價值 46,400 元的 0050 股票 (3.74%) 增加 46,400 元的定存 (3.74%)		
再平衡後資產	99.36 萬元	24.84 萬元	124.2 萬元

製表／雨果

投資個股的時候，這些問題一直沒有標準答案，專家會要投資人自己評估該檔個股未來的營業成長變化，每股盈餘會增加還是減少，當下本益比高還是低，當時的 K 線趨勢是上升、反轉、轉跌、還是下跌，你的資金分成幾批可以加碼等等，這麼多複雜的問題，如果我都知道那還需要問專家嗎？

執行指數化投資買 0050 的好處就是不需要管個股的營運資訊，不用研究每股盈餘或本益比，因為透過 0050 就已經買下台灣市值前 50 大的公司了。而執行再平衡也不需要管本益比多少、現在 K 線趨勢是往上還是往下，未來股價會上漲還是下跌，因為這些都不是執行再平衡的因素，需要執行再平衡是因為「資產分配比例已經偏離原始設定值了」。而且執行再平衡時也等於是專家所說的「股票漲多要獲利了結，股票下跌要逢低攤平」。從表 4-1 的範例就可以看出，在股票上漲獲利後就賣出部分獲利的股票，改成保有現金，實現獲利了結，而且是有根據與標準的執行，並不盲目。

新手適合固定時間再平衡

　　這時會延伸一個問題，股價每天都在變化，每一天的股價變化都會讓資產比例偏離 80% 比 20% 的設定，難道每天都執行再平衡嗎？當然不是，依照表 4-1 的範例中，股價上漲 30% 不會是一天就能達到的漲幅，而是累積一段時間以後，所以執行再平衡的條件基本上有兩種，一種是設定「固定時間」執行，另一種是設定「固定

偏移比例」執行。

「固定時間」執行再平衡指投資人可以設定一段時間放任資產的變化，例如設定一年，在間隔一年後再統計目前各項資產的比例，依據各項資產價值的比例偏差做再平衡調整。如表 4-1 的股市獲利30%，可能是設定每兩年檢視一次，而 30% 就是兩年後的股市漲幅。

固定時間執行的優點是可以完整獲得某段時間的股市報酬。選擇設定一年或是兩年，這段期間不管股市是上漲 5%，或是 50%，我們都不會做調整，只需要等看兩年後的結果，然後依據偏移比例做再平衡。缺點也是這段時間如果有碰到股市崩盤下跌 30%，我們也不會在那個時間點加碼，例如 2020 年 3 月因為疫情影響，0050 單月從最高 90.25 跌到 67.25，下跌 25.5%，此後就反轉一路上漲到年底收盤的 122.25，如果是固定每年一月初執行再平衡，就會錯過在 3 月低檔加碼的機會，一直到年底 122.25 元時，反而因獲利而需要賣出股票資產。

「固定偏移比例」執行再平衡是指投資人可以設定一個資產偏移的比例，當作執行再平衡的條件。舉例來說，股票資產偏移了 5%，那當 0050 所占的資產比例達到 85% 或 75% 的時候，就需要執行再平衡，賣出或買進股票，例如表 4-1 的股市獲利 30%，有可能是 7

個月就達到的漲幅。

用偏移比例執行再平衡的優點是：不會錯過漲多或跌多的機會，譬如前面提到 2020 年 3 月疫情的案例，單月跌幅 25.5%，如果剛好達到設定的資產比例，就有機會在那個時間點加碼買股，又或是股票在一年裡先大漲 30% 後又下跌 20%，如果是固定時間執行的人，只會在最後看到 10% 的股票獲利，而沒有機會在大漲 20% ～ 30% 時賣出部分持股，獲利了結。

但缺點就是要頻繁的檢視並重新計算資產比例，而且偏移比例也不好設定，當股市多頭大漲時，一年可能上漲 40%，但因為設定資產偏移 10% 就要賣股，可能導致這一年就賣出 3 ～ 4 次，大盤才剛開始要驚驚漲的時候，反而就要開始減碼，減少更多股票在市場獲利的機會。有的人會改用股市漲跌的幅度來取代資產偏移的幅度，當作執行再平衡的條件。

以上兩種再平衡的方式各有優缺點，比較多人的做法是採用固定時間再平衡，而針對股市新手，我也建議用此一方式，一來比較省事，不需要時常檢視資產變化，二來則是依過去股市慣性，多頭的時間比空頭多，長時間放著的獲利很可能會比頻繁賣股要高。**建議的再平衡時間是 1 ～ 2 年，不要看到某一年漲幅比較高就心急想要賣股獲利了結，按照計畫的方式，有紀律的執行就好。**

column
建議每月買進持股不中斷

　　投資人應該要如何投資 0050 或 006208 呢？建議採用「定期定額」與「不定期不定額」兩種方式。定期定額可以透過券商官網或 App 設定每月固定扣款日，自動從帳戶扣款超方便，如果每個月都想買多檔股票，只需要為每一檔股票設定一次就可輕鬆扣款。以下以國泰證券為例，說明下單步驟：（其他家的證券 App 操作也大多大同小異）

步驟 **1**

打開
「國泰證券 App」

安裝並打開「國泰證券 App」，接著登入帳戶。

選擇定期投資，檢視 ETF 總覽

點選畫面上的「定期投資」，可以看到近期台股人氣爆棚與高殖利率的
ETF 與個股，你可以直接在清單裡挑選有興趣的標的，或是點擊右上角的
放大鏡，進行搜尋標的。

步驟 **3**

搜尋想要投資的標的，按「申購」開始申請

在上方空白欄位輸入你想申購的標的名稱或代號，下方就會列出相關標的。
假設要申購 0050 定期定額，就在搜尋欄位輸入「0050」，並在下方的標的
右方點擊「申購」。

輸入申購金額與每月交易日，確認後即可完成申購

在申購定期定額標的頁面，輸入「申購金額」與「每月交易日」，然後點擊「申購」按鈕，接著會出現申購內容確認頁，確認內容無誤之後，按下「確認申購」就完成了。

資產配置與再平衡操作範例

　　固定執行再平衡有兩大好處，第一個好處是讓投資人有依據的買賣股票，不需要跟隨市場消息買進賣出，也不用花很多時間鑽研股市，把時間用來做其他更有意義的事情，或是增加本業收入。第二個好處是可以穩定資產波動度，避免讓上漲多年的股市，因為一次大跌就將過去多年的帳上獲利一次回吐，在前面圖 3-2 就看過執行再平衡的效果，表 4-2 再以 0050 搭配定存的方式試算執行多年再平衡的效果，股票漲跌每年不同，定存利率以 1% 為範例，請仔細看表 4-2 至表 4-7 模擬每一年的再平衡操作流程。

　　表 4-2 顯示第 0 年的初始資產是 100 萬元，其中 80 萬元買進 0050，20 萬元放在定存利率 1% 的定存。假設固定每年的一月底執行資產再平衡，第 1 年度結束後，股市總計上漲 10%，資產配置的 0050 帳面市值來到 88 萬元，而定存領 1% 的利息則為 20 萬 2 千元，資產比例變成 81.3：18.7，這時候需依照紀律執行再平衡，將漲多的股票賣掉放到定存，恢復原本規劃的 80：20 的資產配置。

　　所以要賣掉部分 0050 持股，拿回現金 14,400 元存放到銀行定

存，執行完再平衡後，0050 的帳上市值為 865,600 元，而定存則有 216,400 元，總資產為 1,082,000 元。若是全部買 0050 的資產是 1,100,000 元，比資產配置的方式多賺 18,000 元。

表 4-3 為第 2 年結束後的統計，股市上漲 15%，資產配置的 0050 市值來到 995,440 元，定存領 1% 利息來到 218,564 元，資產比例變成 82：18，總資產來到 1,214,004 元，這時候再次執行資產平衡，需要賣出市值 24,237 元的 0050，並將現金存入銀行定存，恢復原本的 80：20 資產配置。這時全部買 0050 的資產上漲 15% 後來到 1,265,000 元，比資產配置的方式多賺了 50,996 元。

第 3 年結束之後，從表 4-4 可見股市總計上漲 7%，其中 0050 市值來到 1,039,187 元，定存領 1% 利息後變成 245,229 元，總資產來到 1,284,416 元，執行再平衡需要賣出 11,654 元的 0050，然後轉存銀行定存。這時全部買 0050 的資產市值來到 1,353,550 元，比資產配置方式多賺 69,134 元。看完以上連續 3 年的資產配置操作，相信你應該已經學會資產配置執行再平衡的方法了。

這時心中肯定有一個疑問，那就是做資產配置的獲利績效比全部買股票的績效還差，而且每年越差越多，這樣就全部買股票就好，何必要做資產配置呢？沒錯，資產配置將 20% 的資金放在每年只能

【表 4-2】股票定存資產配置與全股票的績效模擬（第 1 年）

年度	資產操作	股票 / 定存資產配置（80：20）				全持有股票	
		0050（80%）	定存（20%）	資產比例	資產總值	0050（100%）	資產落差
0	初始資產	$800,000	$200,000	80：20	$1,000,000	$1,000,000	$0
1	股市 +10%定存 +1%	$880,000	$202,000	81.3：18.7	$1,082,000	$1,100,000	
	執行再平衡	賣 $14,400	存 $14,400				
	再平衡後資產	$865,600	$216,400	80：20	$1,082,000	$1,100,000	-$18,000

【表 4-3】股票定存資產配置與全股票的績效模擬（第 2 年）

年度	資產操作	股票 / 定存資產配置（80：20）				全持有股票	
		0050（80%）	定存（20%）	資產比例	資產總值	0050（100%）	資產落差
1	1 年後資產	$865,600	$216,400	80：20	$1,082,000	$1,100,000	-$18,000
2	股市 +15%定存 +1%	$995,440	$218,564	82：18	$1,214,004	$1,265,000	
	執行再平衡	賣 $24,237	存 $24,237				
	再平衡後資產	$971,203	$242,801	80：20	$1,214,004	$1,265,000	-$50,996

製表／雨果

賺 1% 的定存，整體績效當然會比每年賺 10%、15%、7% 的股市要來的低，而且時間越長，差距就越大。所以只要經歷多年的股市多頭行情，資產配置的績效與全持有股票的績效的差距會拉大。

但股市不會永遠都是上漲，如果碰到一次股市大回檔呢？讓我們再次試算若遇到股市回檔時，兩者之間的差異。

表 4-5 的模擬試算為假設在第 4 年底結算時，很不幸的經歷股市下跌 30%，資產配置的 0050 帳面價值從 1,027,533 元回吐剩餘 719,273 元，而定存完全不受影響仍是賺到 1% 利息，金額來到 259,452 元，此時的資產比例變成 73.5：26.5，總資產大幅滑落至 978,725 元。

再看全持有股票的資產，因為 0050 下跌 30%，導致資產只剩 947,485 元，本來收益超過資產配置 69,134 元的全股票方式，經歷一次大回檔，反而變成少 31,240 元。原因很簡單，因為全股票是 100% 的承受這 30% 的下跌幅度，而資產配置只需要承擔 80% 資產下跌的 30%，另外 20% 資產持續帶來 1% 的獲利，兩者相互抵銷，總共的資產下跌僅 23.8%，比股市下跌 30% 還要少 6.2%。

這時候的資產再平衡，就需要拿銀行定存的 63,707 元去買

【表 4-4】股票定存資產配置與全股票的績效模擬（第 3 年）

年度	資產操作	股票 / 定存資產配置（80：20）				全持有股票	
		0050（80%）	定存（20%）	資產比例	資產總值	0050（100%）	資產落差
2	2 年後資產	$971,203	$242,801	80：20	$1,214,004	$1,265,000	-$50,996
3	股市 +15%定存 +1%	$1,039,187	$245,229	81：19	$1,284,416	$1,353,550	
	執行再平衡	賣 $11,654	存 $11,654				
	再平衡後資產	$1,027,533	$256,883	80：20	$1,284,416	$1,353,550	-$69,134

【表 4-5】股票定存資產配置與全股票的績效模擬（第 4 年）

年度	資產操作	股票 / 定存資產配置（80：20）				全持有股票	
		0050（80%）	定存（20%）	資產比例	資產總值	0050（100%）	資產落差
3	3 年後資產	$1,027,533	$256,883	80：20	$1,284,416	$1,353,550	-$69,134
4	股市 -30%定存 +1%	$719,273	$259,452	73.5：26.5	$978,725	$947,485	
	執行再平衡	買 $63,707	領 $63,707				
	再平衡後資產	$782,980	$195,745	80：20	$978,725	$947,485	$31,240

製表／雨果

0050，在股市大跌時逢低加碼攤平，執行再平衡後的 0050 帳面市值會變成 782,980 元，定存會減少為 195,745 元，恢復到 80：20 的比例。

經歷一年下跌 30% 的股市回檔後，隔年股市回神以上漲 5% 作收，表 4-6 呈現第 5 年底結算時，股市上漲 5% 的資產變化。資產配置的 0050 帳面市值由 782,980 元變成 822,129 元，而定存賺取 1% 利息後變成 197,702 元，股票與定存的資產比例來到 80.6：19.4。執行再平衡時需要賣掉價值 6,264 元的 0050 持股，將現金放到銀行定存，恢復 80：20 的資產比例。而全股票的 0050 帳面市值從 947,485 元變成 994,859 元，比資產配置的方式少了 24,972 元。

第 6 年結束之後，從表 4-7 可見股市上漲 10%，資產配置的 0050 市值增加到 897,452 元，而銀行定存增為 206,006 元，資產比例變成 81.3：18.7，總資產來到 1,103,458 元。執行再平衡需要賣出 14,686 元的 0050，將現金存到銀行定存，方式就跟前面每年一樣。這時全股票的 0050 市值上漲 10% 後變成 1,094,345 元，落後資產配置的方式只剩下 9,112 元。

從表 4-2 到表 4-7 共經歷 3 年的股市上漲，接著碰到一次股市大回檔，然後又經過兩年的多頭行情，雖然前面 3 年資產配置的獲利都比全持有股票低，但經歷一次大跌之後，資產配置的績效就反超

【表 4-6】股票定存資產配置與全股票的績效模擬（第 5 年）

年度	資產操作	股票／定存資產配置（80：20）				全持有股票	
		0050（80%）	定存（20%）	資產比例	資產總值	0050（100%）	資產落差
4	4 年後資產	$782,980	$195,745	80：20	$978,725	$947,485	$31,240
5	股市 +5%定存 +1%	$822,129	$197,702	80.6：19.4	$1,019,831	$994,859	
	執行再平衡	賣 $6,264	存 $6,264				
	再平衡後資產	$815,865	$203,966	80：20	$1,019,831	$994,859	$24,972

【表 4-7】股票定存資產配置與全股票的績效模擬（第 6 年）

年度	資產操作	股票／定存資產配置（80：20）				全持有股票	
		0050（80%）	定存（20%）	資產比例	資產總值	0050（100%）	資產落差
5	5 年後資產	$815,865	$203,966	80：20	$1,019,831	$994,859	$24,972
6	股市 +10%定存 +1%	$897,452	$206,006	81.3：18.7	$1,103,458	$1,094,345	
	執行再平衡	賣 $14,686	存 $14,686				
	再平衡後資產	$882,766	$220,691	80：20	$1,103,458	$1,094,345	$9,112

製表／雨果

過全股票了，即使後面兩年股市恢復上漲動能，資產配置方法還是維持兩年的領先，由此可見，做好資產配置的保護效果。

　　雖然股市在走多年多頭行情之下，100% 的資產持有股票會獲得最好的投資收益，但股市不可能永遠都處於多頭，我們也不知道何時會突然暴跌，所以與其猜測股市漲跌才做資產調整，不如就堅持用同一套方法面對所有股市變化，犧牲些微多頭上漲的收益，換來股市暴跌時的資產保護效果。股市下跌 50% 之後，要重新漲回原點需要上漲 100%，若能在下跌時少跌一些，之後資產恢復的速度就會更快。對許多人來說，降低資產波動是相當重要的事情，既然已經選擇存股，就會希望資產不會大起大落，抱得安心，而規劃好資產配置會是相當有效的方法。

學會資產配置的比例調整

　　上述的資產配置與再平衡範例，用的是可以代表台股的 ETF — 0050 與最保守的銀行定存搭配，一個代表預期報酬與風險都

較高的投資資產，另一個代表較保守的資產，目的是為了以台灣民眾普遍都知道的投資標的去模擬資產再平衡的執行方式，一次就搞懂資產再平衡的實際操作。**而通常在投資市場提到資產配置，最常見的就是股票與債券資產的搭配，股票用的是美國或是全球的全市場 ETF，債券則是指美國公債。**

你可以聯想 0050 用來代表台灣股市，而同樣的概念延伸到可以代表美國市場的標普 500 指數 ETF（VOO）與全美市場 ETF（VTI），或是全球市場的 ETF（VT），而代表低波動與穩定配息的銀行定存，可以延伸到被視為幾乎零風險的美國國家公債，像是美國 7 ～ 10 年期中期公債 ETF（IEF）與 20 年期以上長期公債（TLT）。

同樣的配置原則觀念，從台灣股市擴大到美國或全球股市，將保本領息的銀行定存擴展到幾乎零風險，但可獲得更高的利息，也可能賺到額外的本金價差的公債。

資產配置是依據個人風險承受度與需求而有所不同，最基本的原則是，想要獲得更高的報酬率，也願意承受更高的資產波動風險，就可以將較高比例的資金投入股票市場，其他資金就投入債券市場。

例如**高風險承受者可以規劃 80% 的資金買進股票型 ETF，另外**

20% 的資金放在銀行定存或是美國公債 ETF；而低風險承受者可能只願意規劃 40% 的資金在波動大的股票市場，另外 60% 資金投入可以穩定領利息的美國公債市場。以下列出 3 種不同資產配置比例的歷史報酬率與波動度比較。

　　圖 4-2 顯示，自 2003 年將單筆資金 10 萬元投入股市，且將每年的配息自動再投入資產中，每年固定執行一次資產再平衡，依據不同股債資產配置比例，統計到 2022 年 11 月的績效表現。可以看到股票資產比例越高的年化報酬率越高，例如股債比例 80：20 的年化報酬率可達 9.34%，而資產波動度也越高（標準差 11.84%），最佳與最差的漲跌幅績效表現都來到 26%，最大跌幅甚至有 39%。

　　相對於股債比例 40：60 的方式，年化報酬率只有 6.74%，波動度也少了將近一半（標準差 6.5%），績效表現最差的一年只有 14.15%，歷史最大跌幅更僅有 19.33%，也是只有股債比例 80：20 的一半。

　　而股債配置 40：60 的漲跌幅較低，資產變化相對穩定，主要是因為持有 60% 債券資產的特性，在 2008 年碰到股市大跌時，持有股票資產比例較高的資產配置組合大受影響，而較多債券的資產配置組合受傷較輕。在 2009 年可以看到股債比例 40：60 的整體資產

【圖 4-2】美國股市（VTI）與美國公債（IEF）不同資產比例績效

VTI：IEF（美國股市：美國公債）

Portfolio	Initial Balance	Final Balance	CAGR	Stdev	Best Year	Worst Year	Max. Drawdown	Sharpe Ratio	Sortino Ratio	Market Correlation
80：20	$100,000	$592,532 ❶	9.34% ❶	11.84%	26.14%	-26.00%	-39.31% ❶	0.71	1.07	0.99
60：40	$100,000	$474,370 ❶	8.13% ❶	8.85%	21.61%	-15.02%	-26.80% ❶	0.79	1.20	0.95
40：60	$100,000	$366,521 ❶	6.74% ❶	6.50%	17.09%	-14.15%	-19.33% ❶	0.85	1.29	0.80

Portfolio Growth

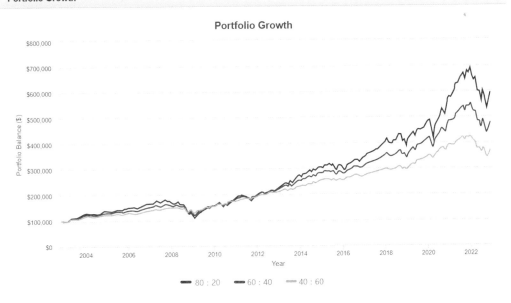

統計期間：2003 年～ 2022 年 11 月
資料來源／ PORTFOLIO VISUALIZER 網站

比 80：20 更高，高債券比例的資產保護力較好。

但只要股市多頭時間夠長，股票的成長可以為整體資產帶來更好的報酬率。從圖中可見 2010 年開始，股債組合比例 80：20 的資產有快速追上 40：60 的組合，而且從 2014 年後就明顯的出現差距，即使在 2020 年股市大幅回檔 30%，整體資產也沒有再落後過 40：60 的股債資產組合，一直到 2022 年 11 月都保持明顯的差距。

資產配置取決於用錢時間較為實際

至於你到底適用於哪一種資產配置比例？大部分的書籍會介紹以年齡做為區分。舉例來說，<u>以 **100 或是 110** 減去你的年齡，當作是股票該配置的資產比例</u>；例如現年 40 歲的人，建議股票資產規劃到 60% ～ 70%，剩下的 30% ～ 40% 搭配美國公債；若是 60 歲的人則將股票資產比例降低到 40% ～ 50%，債券資產為 50% ～ 60%。意思就是，年齡每增加 10 歲，股票資產比例就減少 10%，改增加 10% 的債券資產。

　　理由是因為年齡越大的人所擁有的資產越多，但可承受風險度越低，越禁不起資產的大幅波動，而且接近甚至已達退休年齡，更無法承受高比例資產在股市中可能高達 30% ～ 50% 的跌幅，而債券的配息會是更穩定的投資報酬來源。

　　雖然這個區分方法也很好，但我的建議略有不同。**我認為判斷需要承受多大的波動風險，實際上是取決於需要用錢的時間，而非年紀。**

　　通常股市多頭的時候，願意放比較多的資金在股票市場，賺取較高的獲利，但碰上一次股市 30% ～ 50% 的崩跌，資產就會大幅減少，若是發生在接近退休的時候，勢必會影響預計退休的時間，所以專家才會建議，年紀越大越接近退休時，股票資產的持有比例就要越低。

　　但依照過去數十年的美國股市歷史走勢，股市多頭走勢最短的有 5 ～ 6 年，大多數的多頭都長達 10 年以上的時間，而股市崩跌的期間大約 2 ～ 3 年，就又會恢復多頭走勢。若在退休前的 10 ～ 15 年（如 50 ～ 65 歲），因為擔心碰上股市大跌，而將股票資產降低到 40% ～ 50%，雖然可降低資產波動，卻也降低了投資股市能帶來較高報酬的比例，使整體資產增幅越來越低。

看過去的歷史走勢，股市崩跌時間通常在 3 年以內就會恢復多頭趨勢，所以只要在需要用錢的時間點往前推 5～6 年，調整為較保守的資產配置方式即可，如果很不幸在正準備要調整前就碰上大型股災，若順利能在最多 3 年內結束跌勢，重新回到多頭趨勢，至少還能有 2～3 年的時間等股市回漲，等資產從重大損失中恢復到一定程度，再來調整成較保守的資產配置，也就是降低股票比例，增加債券比例。

再以退休金為例，設定的退休金需求年齡若是 65 歲，那麼在 50 歲時並不需要將股票資產比例降低到 50%，而可繼續維持在 80% 的高波動資產配置比例，多 10 年可以追求股市的高獲利機會，直到 60 歲時才開始將股票資產比例，每年逐步降低到設定退休後要達到的保守配置方式，譬如股票與債券的資產比例為各 50%。

如果是為了 10 年後的購屋頭期款做投資，可以在前 5 年配置 80% 以上的股票資產，接近要買房的最後 5 年就逐年降低股票資產比例，甚至在預定買房的前一年就將所有資產調整為全部都是債券或是銀行定存，以確保購屋頭期款不會因為股市大幅波動而受到影響，否則就要有將計畫延後 5 年以上的心理準備。我認為依據需要用錢的時間來調整資產配置比例，是更符合原則的資產配置比例的調整方式。

最後，我個人建議投資股票市場的資產不要低於總資產的
30%，原因是過去多年的低利率年代，美國公債能帶來的利息報酬
很低，需要靠股票資產漲幅來帶動整體資產的增長，若股票資產占
比太低，整體資產報酬可能會低於通貨膨脹率，這就不再是保守資
產配置方式，而是承受了資產貶值的苦果。

另外再以美國股票市場長期年化報酬率有 7% ～ 10% 的水準，
乘以 30% 的資產比例，等同於年化能為整體資產帶來 2% ～ 3% 的
增幅，剛好可以抵消平均通貨膨脹率 2% ～ 3%，其他的債券資產配
息就可以安心拿來使用，不至於讓資產因通膨而貶值。

簡單學會「基本存股法」

前面章節你應該已經懂得何謂基本的存股法，就是利用指數化
投資、規劃資產配置方式、與固定條件執行資產再平衡，讓資產在
能夠承受的波動與風險範圍內，利用股市與其他投資方式帶來資產

增長。這樣的存股方法一點都不複雜也不花時間，每年只需要在銀行定存到期時，統計當時的資產比例，然後調整資產回復到設定好的比例就完成。

以此方式持續執行 5 年以上，有很高的機會看到不錯的投資效果，相信也會讓你更有信心持續執行 20 年，甚至是 50 年，直到退休後都還可用這方法累積投資本金，創造被動收入。

雨果的
投資理財筆記

我們再複習一次，利用台股存股投資的最基本方式就是：將每個月的閒餘資金定期定額買進 0050（或 006208），再搭配銀行定存，規劃比例做好資產配置。如果想每年進行一次再平衡，就將銀行的現金存一年期定存，等定存到期時就是需要執行再平衡之時，其他時間都不需要管股市變化，做好自己該做的事情，過好自己的生活。

第五章

台股 ETF
怎麼選？

「指數化投資」基本原則是：盡可能用最低的成本獲得最貼近市場的報酬。故要獲得市場報酬，就是要依市值盡量買下大盤指數的成分股，但即使是 0050 的持股也只有大盤指數的 70% 代表性，加上 0051 也只有 85% 的代表性，多少還是會有些誤差，但這些被動式的市值型 ETF 就可為投資人帶來貼近整體市場的績效表現。

依個人需求選擇適合的 ETF

我個人認為投資也並非只能追求市場報酬，只要先弄清楚該投資標的的特性，與其可能內含的風險與期待的報酬，非大盤指數型 ETF 也未必要全數排除。重點是要分散投資標的，將資產分散投資在各個不同產業、不同規模、甚至是不同地區、不同國家、不同性質的金融商品，當然投資績效也會因選股條件的不同而與大盤績效有不同程度的落差。

以下介紹 6 檔類似大盤指數型的 ETF 與 5 檔高股息 ETF，分別是元大臺灣 ESG 永續（00850）、富邦公司治理（00692）、元大

MSCI 台灣（006203）、永豐台灣 ESG（00888）、FT 臺灣 Smart
（00905）、中信臺灣智慧 50（00912），與元大高股息（0056）、
國泰永續高股息（00878）、元大台灣高息低波（00713）、富邦臺
灣優質高息（00730）、永豐優息存股（00907）。

上述例舉的 ETF 雖然不是標準指數化投資的標的，尤其是多因
子 ETF 與高股息 ETF，但在台股的選擇上，投資人可以進一步了解
元大台灣卓越 50 基金（0050）與富邦台 50（006208）以外的 ETF
選擇與其特性，依個人需求挑選標的，操作方式與前面介紹的方法
相同，但需要認真了解每一檔 ETF 的成分股、產業類型與特點。

類指數型 ETF

大盤「指數型 ETF」指的是追蹤大盤的被動型指數 ETF，其漲
跌績效會貼近大盤漲跌幅，要做到這點的原則，包括 ETF 的成分股
需要盡量與大盤指數的成分股相同，以及成分股的持股比例也應與
大盤指數接近。

台股的大盤指數型 ETF 共有元大台灣 ESG 永續卓越 50（0050）、富邦台 50（006208）與元大 MSCI 台灣（006203）等三檔。

而「類指數型 ETF」指的是其 ETF 的成分股與大盤指數非常接近，持股權重也完全或部分參考大盤指數成分股的權重比例，但因加上部分指數選股條件，包括公司獲利能力、負債比與毛利率等因素，使其 ETF 的持股內容與持股權重比例與大盤指數有些微不同，其整體績效表現也會脫離大盤指數。

雖然績效表現沒有完全貼近大盤，但因成分股與權重比例相當接近大盤指數，所以其績效表現走勢也不會過於偏離大盤指數，故稱其為「類指數型 ETF」。除了大盤指數型 ETF 之外，以下會介紹可用於台股資產配置的類指數型 ETF。表 5-1 為指數與類指數 ETF 的基本資料比較，詳細的分析將在後續段落進一步做說明，大家可以依照你能接受的選股邏輯進行選擇。

💲 元大臺灣 ESG 永續（00850）

元大臺灣 ESG 永續（00850）的成分股挑選原則，是從 FTSE4Good 新興市場指數成分股中臺灣證券交易所之上市公司挑選，需要符合 ESG（環境保護、社會責任、公司治理）的評鑑分數，

【表 5-1】指數／類指數 ETF 基本資料比較

ETF 名稱	選股邏輯	產業占比	除息月份	2022 年殖利率	2022 年內扣費用	雨果私心推薦
元大台灣卓越 50 基金（0050）	台股市值前 50 大	半導體 56% 金融保險 15% 其他電子 4%	6 月 12 月	2.15% 1.56%	0.43%	★★★
元大臺灣 ESG 永續（00850）	ESG、ROE、市值加權，個股權重 <30%	半導體 40% 金融保險 18% 其他電子 6%	10 月	4.85%	0.42%	★☆☆
富邦公司治理（00692）	公司治理評鑑結果前 20% 公司、財務指標，選 100 檔	半導體 48% 金融保險 14% 塑膠 5%	10 月	4.85%	0.42%	★★☆
元大 MSCI 台灣（006203）	台股市值前 150 大，流動性、市值加權選出超過 80 檔	半導體 51% 金融保險 13% 其他電子 5%	6 月 10 月	1.99% 1.48%	0.47%	
永豐台灣 ESG（00888）	中大型股符合 ESG 與高股息選 50 ～ 60 檔，個股權重 <30%	半導體 56% 金融保險 18% 通信網路 6%	3 月 6 月 9 月 12 月	0.24% 0.21% 1.31% 1.79%	0.63%	
FT 臺灣 Smart（00905）	財務結構、成長機會、低本益比與高殖利率選 120 檔，個股權重 <30%	半導體 48% 金融保險 9% 電子零組件 7%	3 月 6 月 9 月 12 月	無配息紀錄	0.69%	★☆☆
中信臺灣智慧 50（00912）	營收成長率、本益比與負債比、毛利率與獲利能力選 50 檔，個股權重 <20%	半導體 48% 航運業 14% 金融保險 13%	3 月 6 月 9 月 12 月	無紀錄 無紀錄 無紀錄 1.61%	0.62%	

資料時間／ 2022 年 12 月
製表／雨果

並透過市值加權方式決定指數成分股權重,其中單一個股權重上限為 30%。

00850 的主要特色就是透過 ESG 的篩選機制,從上市公司中找出在生產過程中會注重環境保護,進行商業活動時會考量對各相關利益者的影響,且落實公司經營者的責任,藉由加強公司績效與其他利害關係人利益,以保障股東權益,**簡單來說就是有考量永續經營的企業**。能符合標準的企業通常都是具有一定規模的公司,才有辦法顧及到環境保護、照顧社區利益、同時還能保障股東權益。

0050 的選股條件是篩選台灣上市公司市值(股份 x 股價)前 50 大的企業,許多人認同只要能將公司市值經營到台灣前 50 大就是有競爭力的好公司,而不好的公司股價自然會下跌,市值慢慢退出前 50 大而被摒除在外,形成自然的淘汰機制。但從另一個角度來看,不管該企業是從事什麼行業,經營手段如何,公司是否獲利,股價是否被短期炒作,只要公司市值能排進前 50 大就能入選,所以有些公司可能會短期進入 0050 成分股,然後又很快的被排除,例如宏達電(2498)。

相較於 0050 的選股邏輯,00850 增加了注重永續經營的考量條件,還設限單一企業的比重不能超過 30%。鑒於 0050 是以大盤市值

權重計算成分股的持股比重，光台積電（2330）持股就占了 0050 超過 47% 的比例，等於買 0050 的錢有一半被拿去投資台積電，持股過度集中單一企業，被質疑讓 ETF 失去分散風險的目的。而 00850 的規定則限制單一個股不能占 ETF 的持股超過 30%，對於擔心台積電持股比重太高的投資人來說，00850 可能是另一種選擇。

當然，**這代表 00850 的績效會明顯與大盤脫鉤，當台積電表現好時，00850 的績效表現就會比 0050 差，反之，當台積電績效表現差時，00850 下跌幅度的就會比 0050 少。00850 雖已有百億規模，但有另一個缺點是成交量過低，大部分時間的每日成交量都不足 1,000 張。**

💲 富邦公司治理（00692）

富邦公司治理（00692）追蹤的是臺灣公司治理 100 指數，以在臺灣證交所的上市公司為主，篩選近一年公司治理評鑑結果前 20% 作為成分股的主要篩選依據，並納入財務指標等條件篩選出 100 檔成分股。雖然名稱中沒有 ESG 或企業社會責任 CSR（Corporate Social Responsibility），但其設計的出發點同於 00850，都是篩選高成長性且兼具優良公司治理、永續經營理念的企業。

雖然 00692 與 00850 的選股條件相似，但仍有不同之處，第一，00692 的持股固定為 100 檔，而 00850 並沒有固定的持股限制，目前約 88 檔。第二，00692 並沒有單一個股占比限制，個股權種比例會參考市值，其台積電的占比約 38%，績效表現可能會比較接近大盤績效。第三，依據鉅亨網站資料顯示，00692 一年配息兩次，2021 年底與 2022 年中的股息殖利率接近 5%，但在這之前幾年的配息都不太穩定，而 00850 每年 11 月配息一次，上市後兩次的配息殖利率大約在 3% 上下（以現金股利除以除權息前的股價計算）。00692 的每日交易量大多在 1,000 ～ 2,000 張，也明顯比 00850 要多。

$ 元大 MSCI 台灣（006203）

元大 MSCI 台灣（006203）是追蹤 MSCI 臺灣指數之績效表現，涵蓋臺灣 50 指數、臺灣中型 100 指數及櫃買指數成分股，囊括台灣權值股與中型潛力股，沒有固定持股檔數，目前有超過 80 檔成分股。這是由 MSCI（摩根士丹利資本國際公司）所編製能代表台灣市場的指數，其成分股涵蓋範圍比 0050 更廣，可視為是另一種台灣市場指數的代表。

看過去 5 年的股價績效表現，006203 的報酬率都比 0050 更好。但缺點也是成交量非常低，每日成交量常常不超過 10 張，若大量

ETF 名稱	除權息日	除權息前股價	現金股利（元／股）	現金殖利率
元大臺灣 ESG 永續（00850）	2021/11/19	36.3	1.05	2.89%
	2020/11/20	28.23	0.9	3.19%
富邦公司治理（00692）	2022/07/18	29.73	1.483	4.99%
	2021/11/16	36.75	1.798	4.89%
	2021/07/16	36.46	0.172	0.47%
	2020/11/17	28.75	0.608	2.11%
	2020/07/21	24.98	0.231	0.92%
	2019/11/20	24.05	0.53	2.20%
	2019/07/18	21.69	0.256	1.18%
	2018/11/29	20.5	0.743	3.62%
	2018/07/26	21.75	0.083	0.38%
	2017/11/30	22.01	1.12	5.09%

【表 5-2】00850 與 00692 上市後配息表現

製表／雨果

持有會有買賣流通性問題。**若想要投資貼近台股大盤指數表現的 ETF，仍建議以 0050 或 006208 為優先選擇。**

💲 永豐台灣 ESG（00888）

永豐台灣 ESG（00888）追蹤當時台灣 ESG 優質指數，從上市上櫃的中大型股中挑選符合 ESG 與高股息條件的個股，並同樣設有單一個股權重不能超過 30% 的限制，採季配息策略，這檔 ETF 很像是 00850 與後面會介紹到的 00878 的綜合體。目前持股數約為 50～60 檔，統計至 2023 年 1 月，最大的前兩大成分股是**聯電（2303）約 27% 與台積電（2330）約 21%**，其前十大成分股也和 0050 與 00692 有相當大的不同。

00888 號稱 ESG 高股息 ETF，主要是因為採用與 00850 相同的規則，限制單一個股占比不能超過 30%，注定其績效表現與大盤脫鉤，而選股條件又加上高股息的要求，但前兩大持股卻又是台積電與聯電這兩家股息殖利率不高的半導體公司。由於 00888 在 2021 年才上市，**2023 年 1 月底前的配息紀錄只有 6 次**，目前統計的股息殖利率大約介於 4%～5%，相較於 0056 又不算是高股息，相較於 0050 又無法獲得大盤績效，比較是介於追求股價績效與高股息之間。由於這檔 ETF 上市後不久就碰上 2022 年上半年的股市回檔，2022 年 4 月之後的股價就跌破 15 元發行價，直到 2023 年 2 月前都還未漲回發行價。

⑤ FT 臺灣 Smart（00905）

　　FT 臺灣 Smart（00905）全名叫富蘭克林華美臺灣 Smart ETF，在 2022 年 4 月成立，屬於多因子指數 ETF，所謂多因子就是挑選多種股票條件，包括要求財務結構良好、資產運用效率佳，股價具有潛力、看中未來成長機會，還要符合低本益比與高殖利率。00905是季配息，並且每年有 4 次替換成分股的機會，也有單一個股權重不能超過30% 的限制。在上市時就篩選 120 檔股票，並採取季配息，由於持股數多且有單一個股權重限制，其台積電的比例就不如 0050這麼高，**也代表著其績效會與大盤脫鉤。**

　　00905 的選股特性像 0050 與 0056 的綜合體，其前十大成分股非常相似，主要差別在於比重不同，由於台積電占比被限制在 30% 以下，其他成分股的比例就會被提高，特別是一些高股息的成分股占比較高的權重比例。加上季配息的因素，00905 跟 00888 頗為類似，只差在沒有 ESG 的條件，但成分股比 00888 多了一倍，包含兩成的中小型成長股，成分股權重比例也很不一樣。由於每年有 4 次調整成分股的機會，且會考慮本益比、殖利率與股價趨勢，可預期內扣費用較高。由於上市不久還未達配息時間，故沒有配息資料可參考，但以其特性可預估配息殖利率將介於 4% ～ 5%。

💲 中信臺灣智慧 50（00912）

中信臺灣智慧 50（00912）於 2022 年 6 月成立，屬於多因子指數 ETF，持股數量固定選出 50 檔上市上櫃公司，其成分股與 0050 有相當的重疊性，但因選股因子的影響，各成分股的占比不同。00912 有五大策略因子，挑選成分股時會考慮營收成長率、股價趨勢、本益比與負債比、毛利率與獲利能力、還有市值規模，並給予權重加成，也有設定單一個股權重不能超過 30% 的規定，持股中也將較多比例分配給高股息個股。採取季配息，每年同樣有 4 次調整成分股的機會，可預期內扣費用與股息殖利率會與 00905 差不多。

00912 的成分股雖與 0050 有相當程度的重疊，但是其成分股持股比例卻大不同，以其剛上市的 50 檔成分股為例，0050 的台積電占 47%，鴻海占 5% 的比例，而 00912 的台積電只占 24.5%，鴻海占 3.4%，因為選股因子加權後的關係，較多的持股比例分配給了長榮、萬海、與陽明海運，雖然兩檔 ETF 的半導體產業占比都在 50% 左右，但 00912 有 25% 持股都分配給非台積電的半導體公司，而 0050 只有約 10%。00912 的金融與其他傳產比例就比 0050 各少 5% 的占比，但航運類股的持股比 0050 多約 14%。由於 00912 的權重並非僅以市值大小為準，所以以上各類型的持股比例會在每一次調整成分股後而有所差異。

　　總結以上介紹的 6 檔 ETF，**元大 MSCI 台灣（006203）因為成交量過小，個人比較不推薦，因為容易發生高折溢價（成交價與淨值落差過大）的問題。**永豐台灣 ESG（00888）由於成分股與比例都與 0050 有不小的差距，績效跟大盤的績效可預期差距較大，而另一個高股息特色又不如元大高股息（0056）或國泰永續高股息（00878）明顯，所以這檔 ETF 可能會適合想要賺高股息，又想要投資台積電與聯電等高成長的個股，永豐台灣 ESG（00888）算是 00850 與 00878 的融合體，但單一效果都比這兩檔 ETF 的成效差。

　　00850 與 00692 都屬於強調公司治理的 ETF，目的就是希望成分股公司是追求永續經營的企業，在碰到不景氣時，股價比較抗跌，降低波動，但當大型股災發生時，非理性賣股情緒出現，幾乎不管是什麼性質的股票都會被非理性超賣，投資人不該期待這類型 ETF 永遠都能抗跌。00850 限制單一個股占比不能超過 30% 的規定，在台積電市占超過 40% 的情況之下，其績效註定會偏離大盤指數越來越多，至於會更好還是更差目前尚無法定論。**00692 的持股數比較多更為分散，成分股也依據市值分配，它的績效會較接近大盤表現，又有機會帶來比 0050 要高的配息。**

　　00905 與 00912 更偏向主動投資，這兩檔 ETF 等於是將經理人主動選股的方式與條件公式化，設計出固定的選股方式，採以被動

式調整持股來追蹤指數。**00905 比較像是在 0050 的成分股裡減少台積電的持股比例，分配到更多的中小型成長股與高殖利率股，一來減少單一個股對 ETF 績效的影響力，二來增加 ETF 的配息，我個人認為也是可以考慮的 ETF 選項。**

00912 像是更大幅度調整 0050 的成分股持股比例，將持股多分配給由選股公式計算出前景看好未來成長動能的個股，但若某些個股未來失去成長動能，在每一季調整成分股的時候就會降低持股比例。這是一把兩面刃，這樣的選股設計是否能帶來比大盤還要好的績效表現，需要經過多年時間驗證。而這兩檔同樣都是採用近期投資人比較喜歡的季配息方式。

高股息 ETF

除了上述介紹接近大盤指數市值型的 ETF 之外，台灣投資人更喜歡高股息 ETF，因為股價漲跌捉摸不定，不知何時該買？何時該賣？乾脆買進放著等領股息，而高股息 ETF 也同時省去選股的困

【表 5-3】高股息 ETF 基本資料比較

ETF 名稱	選股 邏輯	產業 占比	除息 月份	2022 年 殖利率	2022 年 內扣費用	雨果 私心推薦
元大高股息 （0056）	隔年殖利率最高 50 檔	電腦周邊 23% 半導體 21% 電子零組件 8%	9 月	8.13%	0.86%	★☆☆
國泰 永續高股息 （00878）	ESG 評等 + 過去 3 年平均殖利率最高的 30 檔	電腦周邊 27% 金融保險 27% 通信網路 8%	2 月 5 月 8 月 11 月	1.52% 1.79% 1.62% 1.67%	0.5%	★★★
元大台灣 高息低波 （00713）	高股息、高品質、低波動前 250 大選 50 檔	電腦周邊 27% 電子零組 10% 塑膠 9%	3 月 6 月 9 月 12 月	2022 年 9 月 改季 配息	0.62%	★★☆
富邦臺灣 優質高息 （00730）	流動性、穩定配息、ROE、自由現金流量對總負債比率、股息成長率選 30 檔，個股權重 <10%	水泥 20% 電腦周邊 17% 半導體 8%	9 月	6.65%	0.77%	
永豐 優息存股 （00907）	穩定配息、產業波動穩定、ESG、獲利能力及配息穩定度，金融及傳產股裡選 30 檔，個股權重 <10%	金融保險 55% 水泥 8% 其他 7%	1 月 3 月 5 月 7 月 9 月 11 月	無紀錄 無紀錄 無紀錄 無紀錄 1.05% 0.97%	0.66%	

資料日期／ 2022 年 12 月
製表／雨果

擾。雖然已有許多理財專家提出，高股息 ETF 的長年整體績效不如市值型 ETF，但每年能領到現金股利的充實感與安全感，仍令許多人趨之若鶩，也導致大家在這兩種投資方式之間難以抉擇。以下將介紹分析台股知名的高股息 ETF。表 5-3 為各高股息 ETF 的基本資料比較內容，分析細節將在後面段落做說明。

$ 元大高股息（0056）

元大高股息（0056）討論度很高，0056 是從市值前 150 大企業中，挑選未來一年預估股息殖利率最高的 50 檔個股，包含預估隔年會配發的現金股利，以及隔年配息時可能的股價區間，用以計算其殖利率高低，整體帶有預測性質。

若有一次性的高股息配發企業也有機會被選進成分股，例如變賣廠房或土地資產造成該年度獲利大增，董事會決定將變賣資產的獲利以現金股息發還給股東，隔年獲利與配息又恢復正常，那就會被 ETF 剔除成分股。0056 成分股中的資訊技術產業占比 66% 較高，一年配息一次，2021 年股息殖利率約 5.5%，**2022 年的股利高達 8.13%**，其內扣管理費用為 0.86%。

由於 0056 是從 2022 年 12 月才將成分股由 30 檔增加為 50 檔，

台股市值前 150 大的企業，有三分之一都會被納入高股息成分股，所以往後的殖利率應可預期會比 2022 年之前的歷史紀錄低，因為它納入殖利率排名 31 ～ 50 名的個股，稀釋了整體殖利率表現。

$ 國泰永續高股息（00878）

國泰永續高股息（00878）於 2020 年上市，其成分股必須要符合 ESG 評等，選股條件是從過去 3 年的平均年化殖利率挑選最高的 30 檔個股，以過去歷史紀錄為評斷依據，能夠穩定配發高股息 3 年以上才有機會成為其中一員，預期成分股變動性較低，也能避免一次性高股息的個股被選入成分股。

00878 以電腦周邊占比僅 31%，金融保險占 25% 是與 0056 較大的不同，含金量比較高。本檔 ETF 採取季配息，2021 年的股息殖利率約 5.5%，但 2021 年的股息包含剛上市配息比較低的時候，**2022年的配息殖利率已達 6.6%**，因成分股變動較少，內扣管理費用為 0.57%，是我個人也有配置的 ETF 之一。

$ 元大台灣高息低波（00713）

元大台灣高息低波（00713）屬於多因子的高股息 ETF，成分

股選擇會依據股息配發率、股東權益報酬率（ROE）排名、與股價波動度為標準，由 250 檔股票挑選 50 檔成分股，並採取季配息。00713 在 2022 年 6 月的資訊技術類股只占 49%，原材料類股 16%，金融股占 5%，日常消費類股 5%，但在 2021 年時的資訊類股僅占 34%，金融類股占 30%，日常消費類股也占 18%，表示這檔 ETF 的成分股變動很大。

預期股價波動較穩定，2021 年的股息殖利率也比 0056 與 00878 更高，以除權息前的股價計算，股息殖利率有 6.8%，自 2022 年 9 月改為季配息，但 2019 與 2020 年的股息殖利率就不到 5%，且交易手續費與管理費也較高，2022 年的內扣管理費為 0.62%。

💲 富邦臺灣優質高息（00730）

富邦臺灣優質高息（00730）自 2018 年上市，屬於多因子的高股息 ETF，其選股條件包含流動性、市值、股東權益報酬率（ROE）、自由現金流量對總負債比率等，挑選兼具營運狀況較佳且穩定配發高股息的企業，必須符合最少連續 5 年有配息，依照近一年股息殖利率大小排序，以前面提到的各項因子加權，並限制單一成分股權重不能超過 10%，單一產業不能超過 40%。00730 的成分股在台泥與亞泥就各占 10%，另有電子類股 44%，00730 完全沒有持有金融

類股，就連食品類股也僅有佳格一檔，與 0056、00878、00713 的
差異大。其股息殖利率大約在 4% ～ 5%，因為選股條件較多，2022
年的內扣管理費用為 0.77%

💲 永豐優息存股（00907）

永豐優息存股（00907）在 2022 年 5 月上市，尚未有配息記錄，
屬於多因子高股息 ETF，選股條件考慮穩定配息、產業波動穩定，
且根據市值、流動性、ESG 評分、獲利能力及配發股息穩定度，篩
選出適合的金融股及傳產股，以市值排序選出 30 檔作為成分股。

單一個股權重不能超過 10%，也不能超過一個月自由流通市值
占比，與近三個月平均成交金額占比平均值的 5 倍。完全沒有電子
股，主要是金融股權重占逾 50%，其次是水泥與航運類股各不超過
10%。00907 採取雙月配息，一年配息 6 次，股價波動度低，是喜
歡高股息中屬於較為穩定的 ETF。

**00907 算是比較特別的高股息 ETF，不同於前面介紹的高股息
ETF 會追求高配息，其在高配息前還要求股價波動度要低，**所以成
分股中的主要產業都是金融股、水泥、航運、與民生百貨類股。由
於組成有超過 50% 是金融股，所以 ETF 績效與金融產業的連動性

較高，其他主要成分股幾乎都是傳產類股，預期股價波動低，這也代表在股市多頭時，00907 上漲幅度有限。

綜合以上介紹 5 檔高股息 ETF 的差別，元大高股息（0056）是以今年企業的獲利表現預估未來的股息殖利率當作選股標準，所以每年的成分股產業可能會有變動，但主要仍以電子產業為主，大約占 70%，幾乎沒有銀行股。而國泰永續高股息（00878）是以過去三年的配息歷史紀錄為主，加上需要符合 ESG 的條件，其電子產業僅約 50%，金融類股 26%，可預期價格波動與配息都較 0056 穩定。而元大台灣高息低波（00713）、富邦臺灣優質高息（00730）、與永豐優息存股（00907）都屬於多因子的高股息 ETF，選股條件與加權分數比較多，每次的成分股變動也比較大，連帶的就是內扣管理費較高。

00713 的成分股變動大，2021 年的金融類股占比還有 30%，但 2022 年就只剩下 5%。而 00730 反而是傳產類股占比高，且完全沒有金融股，連存股族喜愛的食品股也僅有一檔。00907 像是 00730 的相反版高股息 ETF，其金融類股就占過半，其他則是分配在民生百貨類與傳產類股，完全沒有電子類股。00713、00730、00907 這 3 檔 ETF 雖然都是追求高股息，但其持股內容相當不同，投資人可依據想要的特性做選擇。

投資人需要評估內扣總管理費高低,以 0056 為例,其 2022 年的內扣管理費為 0.86%,在當年的股息殖利率是 8.13%,先不管帳面股價的漲跌有多少,這表示投資 0056 的股息獲利有 10.58% 被發行商收走了。如果再看一下管理費也算高的 00730,其 2022 年的內扣管理費為 0.77%,而其股息殖利率為 6.65%,相當於配息裡的 11.58% 獲利被發行商收走了。換句話說,你收到的 5 塊股息裡有 0.5 塊錢已經先被發行商當作管理費收走了,只是這筆管理費是從 ETF 的淨值裡扣,不是直接扣你的股息,投資人不會察覺。

現在利用 Google Finance 功能比較 2022 年 1 月至 2023 年 1 月之間,0056、00878、00713、00730 的股價表現,而 00907 上市時間太短先不列入比較。既然大家都主打高股息,而配息殖利率也都在 5% 上下,那就來看看不同產業類別成分股的股價表現。

從圖 5-1 可以看到,由 **2022 年 1 月同一個起點開始,時隔一年 00878 與 00730 的績效表現比較接近,00713 在過程中績效明顯比較好,但在 2023 年 1 月時,這三檔的績效結果都很接近,而 0056 在 2022 年 8 月後就明顯變差。00878 的股價相對穩定,這也可能是因為配息次數的關係,00878 採季配息,每次配息對於股價的影響比較小。**

0056 與 00730 的配息時間都在 10 月底，然後大約一個月的時間就填息，不過 11 月中後，00730 的價格還是持續上漲，直到 2023 年 1 月還超過 00878 與 00713，而 0056 的漲幅就明顯的落後其他幾檔高股息 ETF。

　　以上的股價變化績效僅代表 2022 年 1 月至 2023 年 1 月的短期表現，無法代表哪一檔高股息 ETF 長時間的表現會比較好，而且 00878、00713、00730 的上市時間都只有短短幾年，也無法做出公平的比較，而且每次替換成分股時，產業占比會有變化，也會影響不同高股息 ETF 的股價表現。若將比較時間拉長到 5 年，參考圖 5-2，排除上市較晚的 00878，最後股價績效表現最好的是 00713（19.65%），其次是 0056（0.08%），最後則是 00730（-11.86%）。以上數據僅供投資人參考。

　　再提醒一次，投資高股息 ETF 之前需要了解此類型 ETF 的特性，相較於 0050 或 00850、00692 等類指數的 ETF，高股息 ETF 追求的是比較高的股息殖利率與低股價波動，在股市下跌時可以提供穩定的緩跌效果，相反的，在股市走長期多頭時，高股息 ETF 績效也會落後 0050 等類指數 ETF，而且時間維持得越長就差得越多。

　　統計 2008 年 1 月至 2021 年 12 月共 14 年的含息績效表現，

【圖 5-1】0056、00878、00713、00730 高股息 ETF 股價表現

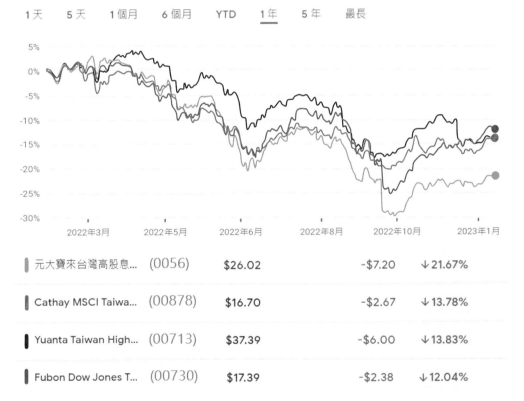

元大寶來台灣高股息證券投資信託基金

$26.02　↓21.67%　-7.20 1 年

1月16日, 下午2:31:17 [UTC+8] · TWD · TPE · 免責事項

1 天	5 天	1 個月	6 個月	YTD	1 年	5 年	最長

元大寶來台灣高股息...	(0056)	$26.02	-$7.20	↓21.67%
Cathay MSCI Taiwa...	(00878)	$16.70	-$2.67	↓13.78%
Yuanta Taiwan High...	(00713)	$37.39	-$6.00	↓13.83%
Fubon Dow Jones T...	(00730)	$17.39	-$2.38	↓12.04%

統計期間／ 2022/01 ～ 2023/01
資料來源／ Google Finance

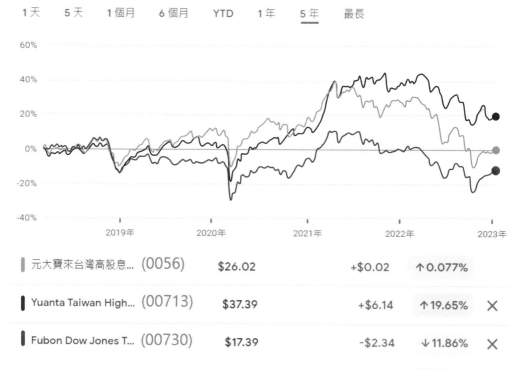

元大寶來台灣高股息證券投資信託基金

$26.02 ↑0.077% +0.020 5 年

1月16日, 下午2:31:17 [UTC+8] · TWD · TPE · 免責事項

元大寶來台灣高股息... (0056)	$26.02	+$0.02	↑0.077%
Yuanta Taiwan High... (00713)	$37.39	+$6.14	↑19.65% ✕
Fubon Dow Jones T... (00730)	$17.39	-$2.34	↓11.86% ✕

統計期間／ 2018/1 ～ 2023/1
資料來源／ Google Finance

【圖 5-3】0050 與 0056 在 2022 年上半年股價回檔表現

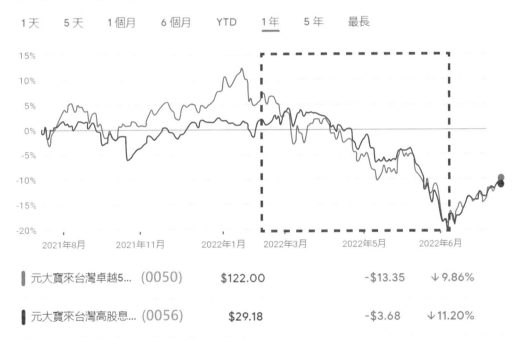

元大寶來台灣卓越50證券投資信託基金

$122.00　↓9.86%　-13.35 1 年

8月16日, 上午9:42:33 [UTC+8]·TWD·TPE·免責事項

資料來源／Google Finance

0050 的總績效是 252%，年化報酬率 9.39%，而 0056 的含息總績效是 156%，年化報酬率 6.94%，差距相當明顯。

但碰到回檔 30% 以上的股災，在剛開始起跌時，高股息 ETF 可能會跌的比較少，因為漲多的高本益比個股會優先回檔修正，而後股價下跌也會讓高殖利率股換算的股息殖利率上升，吸引想領高股息的人持續買進，暫時穩住股價。但當恐慌開始之後，多數人只想先賣股持有現金躲避崩跌，高股息 ETF 就會補跌追上指數型 ETF 的跌幅，這時候就不會看到高股息 ETF 的抗跌效果了，請參考圖 5-3。

以上我主要分析了幾檔高配息 ETF 的選股方向，雖然加入部分個人的選擇和淺見，但是長期的績效永遠沒有標準答案，每個人看法不同，有些人偏好科技股，有些人看好傳產股，你也可以按照你對未來 10 ～ 20 年的趨勢判斷加以選擇。

債券型 ETF

前述資產配置我都是以銀行定存 20% 作為保守資產投資標的，如果願意承受多一點資產波動的投資者，債券型 ETF 會是替代銀行定存的更佳投資選項。債券可簡單分為由政府發行的國債與企業發行的公司債，國家經濟發展越成熟，企業規模與獲利越大，其發行的債券風險性就越低，當然票面利率與殖利率也會越低，絕大部分的債券選擇，都會以美國發行的國債或公司債為優先選擇考量。

債券是一種國家或企業向人民借錢的借據，人民借錢給政府或企業，可獲得一張票券證明，基本會標明借款金額（面額），約定支付的利息（票面利率），與最終還款時間（到期日），這張票券還可以進行交易，他人可以用高於或低於票券面額的價格買下該票券，取得後續領取利息與拿回面額本金的權益。

只是政府與企業發行的債券單價都非常高，單筆購買就需要 10 萬至 100 萬美元之譜，一般人的本錢不夠雄厚難以直接購買，所以債券型 ETF 就是一般投資人比較容易投資債券資產的標的。如果你有開立複委託帳戶，也可以直接向銀行跟券商買拆分後單筆販售一

萬美元起算的公司債。

　　購買債券的最大風險就是政府或企業沒有能力繼續配發利息，或是到期時無法償還本金，所以投資債券務必挑選美國政府公債或是 BBB 級以上的投資級公司債，新興市場債與 BBB 級以下非投資等級債券（又被稱為高收益債）則盡量避免，因為當發生景氣衰退、資金緊縮或金融風暴時，這些債券比較容易發生倒債問題。

　　台灣的現況通常債券是由保險公司投資，過去債券的交易幾乎有 99% 來自保險公司，所以台灣的債券型 ETF 主要設計給保險公司購買。但自 2022 年美國快速升息，美國公債的殖利率快速攀升，公債殖利率最高超過 4%，投資等級公司債的殖利率也超過 6%，引起一股投資債券風潮，來自一般投資人的債券交易也越來越多。

　　台灣券商在 4、5 年前，發行許多美國公債與公司債相關的 ETF，而且購買債券型 ETF 不需要交易稅，不過市值與交易量普遍不高。這裡篩選出市值逾 10 億元、日交易量逾千張的債券型 ETF 提供參考，請見表 5-4，其中，中國信託債券型 ETF 的內扣費用最低。

【表 5-4】美國公債與投資等級公司債 ETF 比較

債券型 ETF	成立日期	國家	市值	內扣費用
元大美國政府 20 年期(以上)債券基金(00679B)	2017/1/11	美國 100%	357 億台幣	0.20%
國泰 20 年期(以上)美國公債指數基金(00687B)	2017/4/6	美國 100%	84 億台幣	0.19%
中國信託美國政府 20 年期以上債券 ETF 基金(00795B)	2019/4/1	美國 100%	97 億台幣	0.14%
元大 20 年期以上 BBB 級美元公司債券 ETF 基金(00720B)	2018/1/19	美國 81% 比利時 7% 加拿大 5%	341 億台幣	0.42%
國泰 10 年期(以上)BBB 美元息收公司債券基金(00725B)	2018/1/29	美國 76% 比利時 7% 英國 5%	510 億台幣	0.35%
中國信託 10 年期以上高評級美元公司債券 ETF 基金(00772B)	2019/1/19	美國 88% 荷蘭 4% 英國 2%	615 億台幣	0.28%

製表/雨果

不推薦作為存股的 ETF

　　台灣在近幾年新發行的 ETF 數量如雨後春筍，而且很多是追求高股息與季配息的多因子 ETF，但也有些是追求當下流行產業的 ETF，包括 5G、電動車、生技、綠能等，進一步探討所有 ETF 都適合存股嗎？如第三章提到適合存股的 ETF 盡量要分散產業，不要將績效與風險集中在單一產業、甚至是國家或地區，所以部分 ETF 並不適合長期持有，且需要時常關注其相關動態，以下列舉出幾個我特別不建議當存股的 ETF。

國泰台灣 5G PLUS ETF 基金（00881）

　　追蹤的是台灣 5G+ 通訊指數，持股逾 50% 是半導體產業，前三大成分股台積電（2330）、鴻海（2317）、聯發科（2454），占比超過 50%，其他成分股幾乎都是電子產業，電信業只有台灣大哥大（3045）與遠傳電信（4904），可見這檔 5G ETF 主要是投資生產 5G 相關硬體設備的台灣公司，而且集中在半導體。

　　想要長期投資 5G 相關產業的 ETF，就要考量 5G 產業的前瞻性，

尤其隨著科技快速進步，或許在短期之內就會出現 6G 或更新的行動網路傳輸技術替代，而台灣在此一領域的市占率表現也是考量之一，我認為十年之後會再出現其他更新的技術，而新技術是否能繼續由目前的 5G 相關公司把持，容我抱持保留態度，所以 5G 相關 ETF 能否長期持有十年以上就是一個問題。

$ 國泰全球智能電動車 ETF 基金（00893）

追蹤 ICE FactSet 全球智能電動車指數，投資全球智能電動車相關企業，60% 以上投資美國公司，例如超微半導體（AMD）、特斯拉（TESLA）、輝達（NVIDIA），還有約 15% 是中國公司等共 30 家公司，持股分散在世界多國，但主要集中在美國與中國。投資這檔 ETF 的優點是持股不只集中在台灣企業，但同樣也要評估電動車產業的前瞻性。

$ 中信臺灣 ESG 永續關鍵半導體 ETF 基金（00891）

追蹤 ICE Factset 臺灣 ESG 永續關鍵半導體指數，主要投資台灣的半導體上下游公司，其前三大持股產業，IC 設計占 42%，積體電路占 35%，封裝測試占 10% 左右，前三大產業持股權重占超過

86%。這檔成分股的占比也非單純以市值大小來決定，可看到它在 2023 年 1 月時的最大成分股是台積電（20.23%），其次是聯發科（19.13%），排名第三的是聯電（12.17%），同樣前三大成分股就占了超過 50%。

投資這檔 ETF 就等於是集中投資在台灣的半導體產業，要思考的是台灣半導體產業的前景，美國也有半導體 ETF（SOXX），成分股包含美國的半導體相關企業與外國公司在美國上市的 ADR，台積電當然也包含在其中，投資人除了要思考半導體產業的發展，更要評估投資集中在台灣，還是美國比較好？

$ 富邦特選台灣高股息 30ETF 基金（00900）

這是一檔特別的高股息 ETF，規定每檔成分股權重不能超過 5% 也不能低於 1%，每年有 3 次替換成分股的機會，而其中主要篩選條件是「接下來即將要配息的高股息個股」，也因為這個因素，上半年更換成分股時都會替換掉 70% 以上的個股，在股市下跌時會在股價虧損情況被迫實現虧損，大量賣出換股。所以這檔 ETF 無法歸類主要的產業類別，因為每次更換成分股後就會不一樣，但缺點也是因為頻繁大量更換成分股而造成的高內扣管理費，2022 年的內扣管理費高達 1.37%。

　　太複雜的選股邏輯未必能帶來比較好的投資績效，但高內扣管理費的 ETF 肯定會侵蝕掉比較多的獲利，而追求高股息的人主要期待的就是那 5%～6% 的現金股利，若內扣手續費用要先扣掉 1.5% 以上，那實際獲利只有 3.5%～4.5%，反而本末倒置。

⑤ 富邦富時越南 ETF 基金（00885）

　　這是一檔專門投資越南的 ETF，追蹤富時越南 30 指數，近幾年東南亞國家有大量的外資投入，尤其是有計畫性的將不適合在中國發展的工廠遷移到東南亞，而越南就是重點發展國家之一，越南屬於封閉性市場，一般人不容易投資其股市，透過 ETF 與基金或許是最方便的方法。

　　但這檔 ETF 投資的目的並非想要部分取代中國的工業發展，而是經濟轉型人民富裕的消費市場，第一大投資產業是房地產（32%）、其次是核心消費（24%）、然後是金融產業（20%），這三大產業就占 76% 的權重。外國資金大量投資土地、廠房、市中心的商業大樓與房地產，期待越南能像 30 年前的中國一樣經濟翻轉，人民消費力提高數倍，但若要投資一個完全不熟悉的國家，其風險遠比投資單一產業還高。

💲 特別不推薦「反向 ETF」

另一個我認為不能當存股的 ETF 是「反向槓桿型 ETF」（簡稱反向 ETF），反向 ETF 指的是透過持有期貨的方式，達到與追蹤的指數績效相反的投資結果。舉例來說，元大台灣 50 單日反向 1 倍基金（00632R）就是一個與 0050 反向的 ETF，我們知道 0050 是追蹤大盤指數的 ETF，若今天大盤指數下跌 1%，則 0050 的目標就是盡量也達到下跌 1%，而 00632R 的目標就是反向操作達到上漲 1% 的績效，主要方式是透過持有大盤期貨的方式來達成。

為什麼反向 ETF 不能當做存股？第一個原因是我們預期市場是長期向上趨勢，隨著經濟與科技的發展，股票市場的市值會越來越高，所以選擇存 0050 獲得市場整體報酬。但如果長期買進 00632R，持股價值只會因為市場上漲而降低，這並不符合存股的要件與原則，只有在股市下跌的時候才會短期間上漲。

第二個原因是：就算股市沒有下跌，這檔 ETF 淨值也會越來越低，因為它持有的是會流失時間價值的期貨。期貨是槓桿交易商品，有時間到期日必須結算，當標的到期時，期貨價值會歸零，所以就算股市持平沒有上漲，因為時間價值流失的關係，期貨商品的價格還是會越來越低，然後券商要交易改持有到期日更晚的期貨商品以

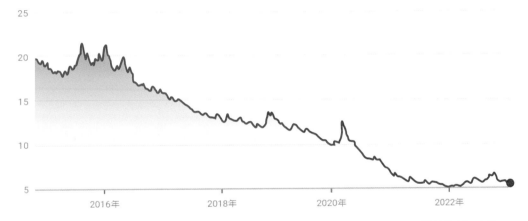

Yuanta Daily Taiwan 50 Bear -1X ETF

$5.59 ↓71.70% -14.16 最長

1月16日, 下午2:31:18 [UTC+8] · TWD · TPE · 免責事項

資料來源／Google Finance

維持績效才能跟上指數，這種會一直失血的投資商品完全不適合長
期持有，請參考圖 5-4 的歷史股價走勢就能了解。

元大台灣 50 反一（00632R）唯一的好處是，當預期股市即將大幅下跌時，但又不想賣掉 0050 持股，可以短暫用來避險，用 00632R 在股市下跌時的漲幅，彌補繼續持有 0050 下跌時的虧損，而且 00632R 不像期貨有到期限制，也沒有被追繳保證金的風險，算是可以簡單做為反向避險的工具，但絕對不適合長期持有存股。

多元的台股 ETF 搭配方式

　　以指數化投資核心觀念出發，建議將資產分散投資在不同性質、不同產業、不同地區與發展程度的國家，擁抱整體市場，讓全世界的經濟發展帶著資產一起成長，增加機會也降低風險。但暫時只想或只敢投資台股的人，也可以用同樣方法規劃資產配置，以下提供幾個 ETF 的搭配方式。

類型
02
挑選
績效 ETF
投資人

類型
03
績效 +
高配息 ETF
投資人

類型
01
跟著
大盤 ETF
投資人

類型
04
穩領
高股息 ETF
投資人

跟著大盤績效的 **ETF** 投資人

我推薦若你是只考慮純指數型 ETF 的投資人，最佳的股票資產選擇就是元大台灣 50（0050），搭配一年期定存，規劃好資產配置比例與定期執行再平衡，完整執行方式就如第四章所述。0050 也可以用富邦台灣采吉 50（006208）來替代，若想要更貼近大盤績效，可考慮再多加一檔元大中型 100（0051），將依市值排序的持股檔數增加到 150 檔個股，如表 5-5 所示。

【表 5-5】投資台灣股票現金配置（指數型 ETF ＋定存）

資產類型	標的	比重
股票 （80%）	**0050 / 006208** （80%）	64%
	0051 （20%）	16%
定存 （20%）	一年期定存 （100%）	20%

製表／雨果

類型 02 **偏向挑選績效的 ETF 投資人**

　　表 5-6，若對於純依照市值大小選股的方式有疑慮，偏向先篩選過經營績效的選股條件，但又不想偏離指數績效太多，可考慮用元大臺灣 ESG 永續（00850）或富邦公司治理（00692）取代 0050，同樣搭配一年期定存的操作方式。

【表 5-6】投資台灣股票現金配置（類指數型 ETF ＋定存）

資產類型	標的	比重
股票 （80%）	00850 / 00692 （100%）	80%
定存 （20%）	一年期定存 （100%）	20%

製表／雨果

類型 03 跟著大盤績效＋高配息的 ETF 投資人

有些投資人對於資產績效完全跟著大盤走會不放心，希望資產跟隨大盤績效的同時，又可以每年領到不錯的股息。對於兩種都想要兼具的投資人，建議直接持有兩種 ETF，比例各半，一來有一半的資產可以獲得大盤績效，另一半又可以獲得高股息，預期每年可有 4% ～ 5% 殖利率的現金股利，資產走勢也會比只持有純指數 ETF 的波動低，但又不至於相差太多，算是取得兩者之間的平衡，請見表 5-7。

【表 5-7】投資台灣股票現金配置（指數／類指數型 ETF ＋高股息＋定存）

資產類型	標的	比重
股票 （80%）	0050／00850／00692 （50%）	40%
	0056／00878／00713 （50%）	40%
定存 （20%）	一年期定存 （100%）	20%

製表／雨果

類型 04　**每年好好穩領高股息的 ETF 投資人**

　　若只想每年好好領取股息，不想追求股價高成長的投資人，只想用高股息 ETF 取代存金融股、傳產股、公共事業類股，那也可以只存高股息 ETF，優缺點與限制在前一篇已有說明。但由於不同高股息 ETF 的選股邏輯不同，未必只能買一檔，同時買多檔高股息 ETF 分散風險也未嘗不可，見表 5-8。

【表 5-8】投資台灣股票現金配置（高股息 ETF+ 定存）

資產類型	標的	比重
股票 （80%）	0056 / 00878 / 00713 （100%）	80%
定存 （20%）	一年期定存 （100%）	20%

製表／雨果

然而，若已買進高股息 ETF，為什麼還要搭配一年期定存？因為高股息 ETF 投資的仍屬於「股票資產」，有股價漲跌的風險，不論股息配的再多，都無法忽略股價也可能有大跌的風險，而定存是確定不會影響本金。

基於資產分散的觀念，高股息 ETF 屬於股票資產，只是其股價波動度可能較小，股息配發可能較多，但永遠都無法將其當作定存看待，每年或每季配發的股利也不會一直都穩定，當股價有漲跌時，還是可以用配發的股息與定存加碼高股息 ETF，定期做資產再平衡。

第六章

投資全球 ETF

前面章節介紹的都是投資台股的存股方式，這個章節要帶大家投資全球市場，而不只侷限在台灣市場。台灣是亞洲國家之一，就像韓國、日本、越南、泰國，每個國家的強項不同，台灣比較高比例集中在半導體與電子產業，而你剛好生活在台灣，比較熟悉這個市場。

　　如果只投資台灣市場，就如將畢生的資產押注在單一國家，風險相對比較高，機會也較受限，所以投資全球市場會對資產有更大的保護與增值效果。

　　大家對於投資不熟悉的海外市場難免感到不安，但仔細想想，你對於台積電的事業內容比較熟悉，還是對家樂福與好市多熟悉；你對鴻海的事業體比較了解，還是比較了解微軟（Microsoft）的事業體；你對聯發科的產業比較懂，還是更認識蘋果（Apple）有哪些產品，以上舉例的台灣公司是市值前三大公司，權重占 0050 的 56%，現在你還認為對台灣的企業比較熟悉嗎？

　　再來比較，你覺得中國信託銀行比較厲害，還是 VISA 比較厲害；你認為 momo 購物比較強大，還是亞馬遜（Amazon）比較強大；你認為統一企業比較賺錢，還是星巴克（STARBUCKS）比較賺錢，更別提 Facebook、Google、輝瑞（Pfizer）、特斯拉（Tesla）、可口

可樂（coca cola）、麥當勞（McDonald's）、迪士尼（Disney）、NIKE 等全球知名的美國企業，我相信你對於上述公司的了解可能都比 0050 前十名的企業更多。

懂得分散風險，機會就能極大化

投資全球最大的優點是可以將投資極大化的分散，也將機會極大化的囊括。舉例來說，在台灣投資所謂的蘋果概念股，就是生產蘋果手機與零件的廠商，何不也考慮直接投資毛利高的蘋果公司。

和前面同樣以種水果為例，我們買進的 0050 可能是在雲嘉南地區找了一大塊地種植各式各樣的水果，如果願意投資全球，就像在美國也找一塊土地、在澳洲也找一塊土地、甚至在法國也找一塊地、種下各式各樣的水果，就算颱風造成台灣雲嘉南地區淹水，毀壞所有的農作物，還有美國、澳洲與法國的水果可以收成，不至於全軍覆沒。

不同地方的土地與氣候也適合種植不同的水果，甚至南北半球的四季相反，台灣收成夏季水果的時候，位於南半球的澳洲可以收成冬季水果，不同地方有不同適合的產物，分散地點也等於獲得更大的收益機會。

想要投資全球並不困難，台灣股市有可以直接投資美國的股票與債券市場的 ETF，例如元大標普 500（00646）、國泰費城半導體（00830）、元大美國 20 年期以上債券（00679B），都可直接在台灣股市交易。

透過國內開立複委託帳戶，或是在海外券商開立證券戶，直接投資海外市場的股票，交易方式大同小異，我在上一本書《聰明的 ETF 投資法》裡曾有詳盡介紹國內複委託與海外證券戶的優劣，以及介紹海外券商的開戶流程與交易說明，這裡就不多加贅述。

投資全球市場的方式與前面所介紹的投資方法相同，都要執行資產配置與再平衡，而且可以用來配置的資產會更多元，前面介紹的台股都是搭配一年期定存規劃資產配置，這是最簡單入門，也是整體績效比較差的方法。

如果能將美股也納入投資範圍，就能將資產分配到有固定配息

的債券,有穩定收租的房地產,還有難以接觸到的重金屬,像是黃金等產品。這個章節要介紹透過美國股票市場,如何運用同一套方法將資產分散到全世界。

不能錯過的美國市場

　　第一個要介紹的是美國市場,想要投資海外市場,絕對不能錯過的就是美國了,美國身為全球最大的經濟體,許多全球知名企業都是美國公司,前面提到的可口可樂(coca cola)、麥當勞(McDonald's)、星巴克(STARBUCKS)、特斯拉(Tesla)、蘋果(Apple)等,都是美國上市公司,而台灣的許多大企業都是他們的代工廠,協助生產產品。美國還有台灣所欠缺的軟體應用產業與媒體巨擎,包括 Facebook、Adobe、Google、Yahoo、Disney、Nexflix 等,直接投資美國就幾乎投資多數的全球知名企業。當然,你可以直接單獨投資這些美國知名企業,但若想一次擁有它們,特別提出兩檔美國 ETF 參考。

💲 Vanguard Total Stock Market Index Fund ETF（VTI）

VTI ETF 是投資美國全市場，包含美國股市的大、中、小、微型股票，就像一次投資台灣的 0050（台灣上市市值排名前 50 大公司之股票），加上 0051（台灣上市市值排行 51 ～ 150 的中型公司之股票），加上 00733（台灣上市公司之中 50 檔中小型公司之股票），再加上 006201（台灣櫃買市場中市值排名前 50 大公司之股票），持有一檔 VTI 幾乎等於投資全美國股票市場，不管是大型股在漲還是中小型股在飆，投資這檔 ETF 都能獲利。VTI 的內扣管理費只有 0.03%，不到台灣 0050（0.46%）的十五分之一，持股超過 4,000 檔，算是非常具有代表性的美國市場 ETF。

💲 Vanguard 500 Index Fund ETF（VOO）

VOO 是追蹤美國標普 500 指數的 ETF，標普 500 指數篩選的是：美國各產業具有代表性的大型藍籌股，成分股總數約 500 檔，前面提到的美國公司幾乎都包含在內，其成分股具有約 80% 的市場代表性，比 0050 的 70% 更高。由於這些公司規模都已經龐大到不太可能倒閉，所以也被視為安全性相當高的股票型 ETF，其內扣管理成本也是 0.03%。

台灣的元大投信有發行相對應的標普 500 ETF（00646），2021年的總管理費為 0.61%，大約是 VOO 的 20 倍。投資 VOO 與 VTI 的差別，就是 VOO 不包含中小型股，如果景氣循環輪到中小型股飆漲的時候就與 VOO 較沒有關聯。

分散風險的全球市場

最好不要將投資集中在單一國家，好不容易決定走出台灣，將資產投資在海外市場，若又只投資美國單一國家，雖然美國的產業分布更廣更強，但還是集中在單一國家，風險也較為集中。還好透過美國發行的 ETF 可以將投資分散到全世界，以下將介紹投資在美國以外的 ETF。

💲 Vanguard Total World Stock Index Fund ETF（VT）

VT ETF 投資美國、非美國已開發市場、與新興市場的大、中、

小型股，包含 49 個國家與 9,000 多檔股票，內扣總費用為 0.07%。雖然是投資全球的 ETF，但美國畢竟是世界最大的經濟體，其成分股占比也會最高，高達 59%，第二名的日本就只占 6%，而且除了美國，其他國家多數都是投資在少數大公司，台灣也占 1.9%，排名第十。

投資 VT 的好處是可以利用一檔 ETF 就投資全世界，績效跟隨著全球景氣變化與經濟成長，不用選市場也不用緊盯財經消息，但缺點也是美國的占比幾乎達到 60%，如果美國經濟表現不好，VT 的績效也會大受影響，畢竟其他國家的權重占比相對較低。

💲 Vanguard Total International Stock Index Fund ETF（VXUS）

VXUS 投資的是美國以外的大、中、小型股，持股包含 45 個國家與 7,800 多檔股票，總內扣費用同樣為 0.07%。前三大持股國家分別是日本、英國與中國，北美、歐洲、亞太、與新興市場的權重占比依序約為 7%、39%、27%、27%，有趣的是最大持股為台灣的台積電，也只占 1.44%。

如果你不喜歡 VT 持有 60% 的美國企業持股比例，這檔 ETF 可

以與美國全市場 VTI 相互搭配，透過資金的分配達到控制美國與非美國市場的投資比例，例如 VTI 與 VXUS 各投資 50%。

💲 Vanguard FTSE Developed Markets Index Fund ETF（VEA）

VEA 投資美國以外的已開發市場大、中、小型股，持股包含超過 25 個國家與 4,000 多檔股票，總內扣費用為 0.05%，前三大占比分別是日本、英國與加拿大，主要投資區域是歐洲與亞太地區，這檔 ETF 裡沒有投資台灣，因為台灣不算已開發市場。

值得注意的是，日本的權重占比達到 20%，前三大產業金融、工業、與醫療保健總共占約 40%，比較能帶動股價上漲的資訊科技產業僅約 9%，所以是成長性較差的 ETF。

💲 Vanguard FTSE Emerging Markets Stock Index Fund ETF（VWO）

VWO 投資的是新興國家或是開發中國家，持股超過 5,400 檔股票，前三大占比國家分別是中國（37%）、台灣（17%）、與印度（15%），涵蓋歐洲、拉丁美洲、與亞洲的開發中國家，總內扣費

用為 0.08%。適合與 VEA 搭配，不以地區作為區分，而是以國家的發展程度區別，分配已開發國家與開發中國家的投資比例，記得 VEA 與 VWO 都不包含美國市場。

2000～2008 年美國經濟發展緩慢，股市剛從網路泡沫逐漸恢復，而新興市場卻在這段期間蓬勃發展，當時流行投資金磚四國，不少開發中國家的股市成長數倍，美國資金大量流到新興國家投資，而美國股市卻是在 2008 年漲回到網路泡沫高點時又碰到金融海嘯，再度遭遇下跌 50% 的崩盤慘況。

以上介紹多種 ETF，讓投資人可以輕鬆投資全世界，最簡單的莫過於投資一檔 VT，若想調整美國與非美國市場的投資比例，可利用 VTI 與 VXUS 兩檔來控制，又或是用 VTI、VEA、與 VWO 來控制美國（已開發市場）、非美國已開發市場、與新興市場的資金比例，最多利用三檔 ETF 即可投資全世界的股票市場。

圖 6-1 顯示美國股票市場（VTI）、非美國股票市場（VXUS）、與全球股票市場（VT），自 2012 年以來的績效表現，可以看到在過去十年，美國股市表現仍明顯優於全球大部分的國家，帶來 13% 的年化報酬率，而非美國國家的股市表現僅帶來 6% 的年化報酬率，VT 的持股包含一半的美國與一半的非美國股市，績效也就介於 VTI

【圖 6-1】VTI、VXUS、VT 績效表現

Portfolio		Initial Balance	Final Balance	CAGR	Stdev	Best Year	Worst Year	Max. Drawdown	Sharpe Ratio	Sortino Ratio	Market Correlation
Vanguard Total Stock Market ETF	(VTI)	$10,000	$38,907 ❶	13.70% ❶	14.29%	33.45%	-13.97%	-21.32% ❶	0.93	1.46	1.00
Vanguard Total International Stock ETF	(VXUS)	$10,000	$17,758 ❶	5.58% ❶	14.24%	27.45%	-14.76%	-25.54% ❶	0.41	0.59	0.85
Vanguard Total World Stock ETF	(VT)	$10,000	$26,802 ❶	9.76% ❶	13.83%	26.82%	-14.20%	-22.15% ❶	0.70	1.05	0.97

Portfolio Growth

統計期間／2012 年 1 月～ 2023 年 1 月
資料來源／ PORTFOLIO VISUALIZER 網站

與 VXUS 的之間，年化報酬率 9.6%。

　　但這不代表未來美國的表現也都會優於其他國家，所以也不能只集中投資美國。**建議避免將資產集中在單一國家，投資必須分散風險及增加機會，所以投資全世界才是王道。**至於美國與非美國的比例，可視個人需求與期望而定。

債券市場標的 ETF

　　何謂債券？「債券」是政府或企業直接向民眾融資（借錢）的方式，基本會註明借款時間，配發利息等條件，例如 30 年期的美國國債發行價 100 萬美元，每年會配發 3 萬美元利息，意思就是購買一筆美國 30 年期國債需要 100 萬美元，這張債券約定每年可以領到 3 萬元的借款利息，即 3% 利率，稱之為票面利率，一直到 30 年到期後可向美國政府拿回借款的本金 100 萬美元。

　　如果是企業發行的債券，發行價可能只有 10 萬美元，票面利率會更高，也會設定提前贖回的條件，未必會讓購買債券的人一直持有至到期日。

　　債券本身也是一項可以交易的商品，如果政府公告利率降低，讓民眾更願意持有利息高的債券，會進而造成債券價格上漲。舉例來說，在高利率的時代，銀行定存利率有 5%，企業可以發行債券向民眾募集資金，當時的票面利率可能是 8%，因為公司債券有付不出利息或還不出本金的風險，所以必須要提高利率才能吸引民眾購買。

　　但當經濟衰退，政府要依靠降息刺激經濟時，銀行定存利率可能降到 1%，這時公司債券的 8% 票面利率就非常具有誘因，進而因為許多人想購買而拉高價格，而美國國債也是同樣道理。

　　但企業也不會傻傻的一直支付 8% 利息到債券到期，企業若發行的是可贖回債券，通常在可贖回日到期時就會宣布回購債券，利用公司銀行的現金或是向銀行低利借款，然後再重新發行新的債券，其票面利率只有 4%，因為在 1% 定存利率的低利環境下，4% 債券票面利率就能吸引足夠的人購買，不需要一直支付票面利率有 8% 的舊債券。

雨果的
投 資 理 財 筆 記

債券到期日年限

短期債券：離到期日 2 年以內

中期債券：離到期日介於 2 年與 10 年之間

長期債券：離到期日 10 年以上

另外，債券是可以交易的金融商品，今天買了一筆發行價 10 萬美元，每年支付 5 千美元利息，等同票面利率 5% 的公司債，有另一個人可以接受 4.5% 的殖利率，他就會願意用 11 萬美元以內的價格購買這家公司的公司債，這個價格相當於超過 2 年的利息金額，只要有人願意賣出，這家公司債的價格就可以上漲到 11 萬美元。

相反的，當銀行定存來到 4% 時，投資人願意接受公司債的殖利率可能會是 7%，此時每年支付 5 千美元利息的債券，投資人能接受的價格就只剩下 7.14 萬美元，所以當政府宣布升息時，會造成債券價格的下跌。

債券價格除了受銀行利率影響外，也受債券到期日影響。距離到期日越短的債券，可能受到利率改變，影響的時間就越短，而其剩餘可領息的時間與金額都可被計算，殘餘價值非常容易估計，距離到期日越近，價格就會越往票面價靠近，其價格波動也會越穩定。

反之，距離到期日還很久的債券，因更可能受到利率漲跌的變化而影響價格，而且發生倒債的機會也越高，所以價格波動相對高。因為風險因素，投資人可預期越接近到期日的債券，其殖利率與價格波動會比較低，越長天期的債券，其殖利率與價格波動相對較高。

　　資產配置的核心概念就是將資產分配到不同特性的金融商品，避免所有資產因單一事件或景氣狀況而受到重大影響，前面運用非股票型資產是銀行定存，但其實債券會是比定存更好的資產配置選擇，雖然債券會有價格波動，但相對於股票來說，其波動幅度較小（指中短期美國公債），而配發的利息又會比定存高。

　　債券有時甚至是與股票市場呈現相反走勢，在股票下跌時，因避險需求反而導致債券價格上漲，抵銷股市下跌對整體資產造成的虧損幅度。

雨果的 投資理財筆記

票面利率
債券每年固定配發的利息 / 債券票面價格→票面利率在發行後就不會改變

殖利率
債券每年固定配發的利息 / 債券當時價格→類似股票的殖利率算法。

換句話說，債券常常在股市大跌時帶來良好的保護效果，在一漲一跌的相互抵銷之下，整體資產跌幅會縮小，有效降低資產的波動度，執行資產再平衡的時候也能有比較多的資金在股市表現不好時加碼，而且債券平時帶來的利息又比定存高。

　　由於債券的初級市場發行價金額都很大，如前面提到的百萬或十萬美元，不是一般散戶所能負擔，通常這些債券都是賣給金融機構，例如銀行、保險公司或是大型企業，有的企業會另外發行交易所交易債券（ETD， Exchange-Traded Debt，又稱為 Baby Bond），單股面額只有 25 美元，適合一般散戶投資人買賣。

　　而比較普遍的仍是透過金融機構發行的債券 ETF，依據不同需求與類型，集合投資人的資金，大量購入符合條件的債券，以下將介紹 6 檔投資人可運用在資產配置裡的債券 ETF。

$ Vanguard Total Bond Market Index Fund ETF（BND）

　　BND ETF 持有的是美國各種 BBB 以上投資等級債券，包含政府公債、公司債、與不動產抵押貸款債券，規模超過 2,800 億美元，內扣費用只有 0.03%。BND 持有多種類型的債券，各種債券的到期

日也不盡相同，平均到期日約為 9 年，存續期間大約 6 ～ 7 年，所以 BND 的價格表現會比較偏向中期債券。

由於 BND 不只持有美國政府債券，還包含投資等級的公司債與不動產抵押貸款債券，這兩種債券的風險等級較高，好處是可以提供比公債更高的利息，但缺點也是價格波動會相對較高，所以 BND 綜合這些債券的優缺點，給投資人帶來比中期公債更好的配息，但遇到債券下跌時，價格相對會跌得更多。

稍早介紹的 VTI 是投資美國整體的股票市場，你可以將 BND 視為投資美國整體的債券市場，而且排除債券信用評等比較低的（BB 以下）債券，盡量降低因倒債帶來的本金損失。簡單利用 VTI 與 BND 就可以針對美國投資市場做出股票與債券的資產配置規劃。

💲 Vanguard Total International Bond Index Fund ETF（BNDX）

BNDX 投資非美國地區的投資級別國家公債與公司債，因為投資的範圍是非美國地區，所以許多標的都是非美元計價，為了避免投資者承擔貨幣風險，這檔 ETF 會進行貨幣對沖交易配合標的指數，具有匯率避險的措施。由於是投資非美國地區，內扣費是 0.07% 比

BND 高一倍，但相較於其他 ETF 來說還是相當低，其平均到期日與存續期間與 BND 相同，所以 BNDX 與 BND 一樣屬於中期債券。

投資人可能會臆測，非美國的債券因風險較美國債券高，所以應該可以提供比美債更高的利息。事實上，許多國家的公債利率都比美國低，例如日本、德國、法國、英國，通常都是取決於國家的政府公告利率，而公告利率多數受到該國經濟影響，所以 BNDX 的配息未必會優於 BND，單純只是當作投資風險分散的考量。

💲 Vanguard Total World Bond ETF（BNDW）

BNDW ETF 在 2018 年成立，是一檔能夠投資全世界的債券，BNDW 不是直接持有債券，而是持有 Vanguard 自家推出的兩檔債券 ETF，分別是前面介紹過的 BND 與 BNDX，內扣費用為 0.06%。由於持有的就是 BND 與 BNDX，故其風險係數與平均到期日也都跟這兩檔債券 ETF 相同，屬於中期債券。目前美國與非美國地區的債券占比為約各 50%。

💲 iShares 20 Plus Year Treasury Bond ETF（TLT）

TLT ETF 是投資 20 年期以上的美國政府公債，由於美國公債被認為是全球最安全的債券，債券評等都在最高信用評等的級距，標普評等為 AAA，內扣費用為 0.15%，平均到期日是 26 年，平均存續期間為 19 年，屬於長期債券。

投資長期公債的優點是報酬率比較高，除了配息高之外，資金在空頭市場需要避險時，價格上漲幅度也會比中短期公債更高，可帶來較強的避險效果。但同樣的利率風險也較高，價格波動大，當利率上升時也會有較大的跌幅，最大回檔幅度可能高達 50%，價格波動性不會小於股票。

💲 Vanguard Intermediate-Term Treasury Index Fed ETF（VGIT）

VGIT 投資的是美國 3 ～ 10 年期的政府公債，內扣費用率為 0.04%，平均到期日是 6 年，平均存續期間為 5 年，屬於中期債券。持有的債券評等一樣是最高信用評等，標普評等也為 AAA。相較於長期債券 TLT，VGIT 的價格波動度較低，但報酬率相對也不高，

如果是要取代定存成為資產配置的一部分，VGIT 比 TLT 更適合降低整體資產的波動度，可以提供比定存與短期債券更高的報酬，也能避免承擔如 TLT 的高利率風險，算是折中選項。

💲 Vanguard Short-Term Inflation-Protected Sec Index ETF（VTIP）

VTIP 是短期抗通膨債券，投資到期年限在 5 年以內的美國公債，內扣費用為 0.05%。不同於前面介紹的債券，一般債券一旦碰到高通貨膨脹，其配息利率有可能比通膨率低，這樣持有債券反而讓資產貶值，而且政府若因高通膨而調升利率，債券價格又會因此而下跌，無法達到保護資產的效果。

抗通膨債券是比較特殊的債券商品，直接由美國政府發行，本金跟消費者物價指數（CPI）連動，其本金每年需要根據通膨率進行二次調整，若通膨上升，投資人可獲得的收益也會跟著上漲。

當債券到期後，投資人會獲得最初的投資本金，與根據債券發行期間通膨率變化差額的補償。因此 VTIP 與股票市場連動性低，可以避免實際收益受到通膨的侵蝕，以保護資產價值，雖然保值，但也代表其收益率較低，只是追求抵抗通貨膨脹而已。

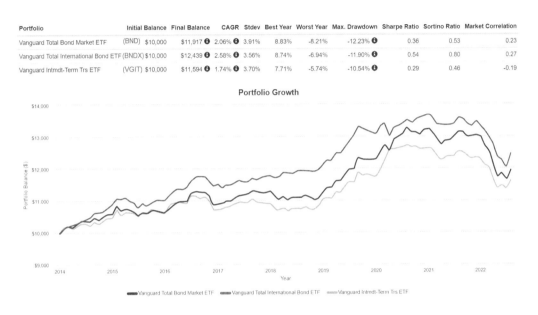

【圖 6-2】中期債券 BND、BNDX、VGIT ETF 的績效比較

Portfolio		Initial Balance	Final Balance	CAGR	Stdev	Best Year	Worst Year	Max. Drawdown	Sharpe Ratio	Sortino Ratio	Market Correlation
Vanguard Total Bond Market ETF	(BND)	$10,000	$11,917	2.06%	3.91%	8.83%	-8.21%	-12.23%	0.36	0.53	0.23
Vanguard Total International Bond ETF	(BNDX)	$10,000	$12,439	2.58%	3.56%	8.74%	-6.94%	-11.90%	0.54	0.80	0.27
Vanguard Intmdt-Term Trs ETF	(VGIT)	$10,000	$11,594	1.74%	3.70%	7.71%	-5.74%	-10.54%	0.29	0.46	-0.19

統計期間／2014 年 1 月～2023 年 1 月
資料來源／PORTFOLIO VISUALIZER 網站

　　VTIP 的風險也很明顯，如果政府升息，但通貨膨脹沒有升高，VTIP 的價格不會隨著通膨而上漲，反而是因為升息而導致價格下跌，甚至跌幅比同年期的公債高，如果是通貨緊縮也會造成本金下跌，甚至無法配息。消費者物價指數（CPI）是由政府計算，並非能完全反映消費市場上的通貨膨脹率，所以其實際保值效果仍有限。

但若實際通貨膨脹率超乎預期，VTIP 的績效表現就會超過同年期公債，故這檔債券 ETF 比較不適合長期持有，屬於功能型債券，在預期將有較高通膨率的情況發生之前，就可以先以部分比例持有抗通膨型公債，以抵抗超乎預期的高通貨膨脹。

　　圖 6-2 顯示 BND、BNDX 與 VGIT 這三檔中期債券的績效比較，差別在於 BND 除了美國公債以外，還包含美國投資等級公司債，而 BNDX 是非美國的國債與公司債，VGIT 完全只有美國公債。

　　從圖中可以看到自 2014 年投入單筆 1 萬美元，長期持有到 2023 年 1 月的績效表現，以非美國債券 BNDX 最高，其次是全美國債券的 BND，最後則是美國公債 VGIT。彼此的績效差距其實不大，BND 與 BNDX 比 VGIT 多包含了利率較高的公司債，而且平均到期日也比較長，自然報酬率比單純美國國債高。

　　另外，圖 6-3 則是比較 TLT、VGIT 與 VTIP 等不同到期年期與功能的美國債券 ETF，在 2013 年至 2023 年 1 月的績效，可以看到長期債券 TLT 的績效波動相當大，最好的一年上漲 27.3%，最差的一年下跌 31.24%，最高點至低點的跌幅高達 41.64%，波動猶如股票市場。

【圖 6-3】不同年期債券 TLT、VGIT、VTIP 的績效比較

Portfolio		Initial Balance	Final Balance	CAGR	Stdev	Best Year	Worst Year	Max. Drawdown	Sharpe Ratio	Sortino Ratio	Market Correlation
iShares 20+ Year Treasury Bond ETF	(TLT)	$10,000	$12,117 ⓘ	2.02% ⓘ	12.32%	27.30%	-19.98%	-30.82% ⓘ	0.17	0.26	-0.14
Vanguard Intmdt-Term Trs ETF	(VGIT)	$10,000	$11,282 ⓘ	1.27% ⓘ	3.68%	7.71%	-5.74%	-10.54% ⓘ	0.19	0.28	-0.17
Vanguard Short-Term Infl-Prot Secs ETF	(VTIP)	$10,000	$11,746 ⓘ	1.69% ⓘ	2.03%	5.36%	-1.53%	-3.34% ⓘ	0.52	0.80	0.46

Portfolio Growth

統計期間／ 2013 年 1 月～ 2023 年 1 月
資料來源／ PORTFOLIO VISUALIZER 網站

　　中期債券 VGIT 相對穩定，最好的一年上漲 7.7%，最差的一年
下跌 10.53%，最高點至低點的跌幅僅 14.96%。抗通膨債券 VTIP
波動度又比 VGIT 更低，最好的一年上漲 5.36%，最差的一年下跌
2.96%，最高點至低點的跌幅也僅 4.57%。

我們可以看到自 2019 年後，這 3 檔債券都呈現上漲走勢，2020年中後，TLT 與 VGIT 等美國國債皆開始下跌，VTIP 抗通膨債券維持上漲，至 2022 年，他們的走勢差別更加明顯。

投資債券不能以追求獲利的出發點選擇債券標的，畢竟債券是偏向固定配息的資產，價格波動若太高，可能會領了利息卻賠了更多本金，而且債券是做為資產配置的核心金融資產之一，目的是為了降低股市影響整體資產的風險與波動。

所以選擇債券時，TLT 這類型的長天期債券就比較不適合，因為它的價格波動並不比股票低。若選擇短天期的債券，其價格波動低，配發的利息也接近美元定存，其實可以考慮直接放定存，不需要承擔債券價格波動風險。

以資產配置需求來說，考量到價格波動性與利息報酬率的因素，建議中期債券是比較適合的配置標的，一來波動比股票低，但又不會低到沒有獲利空間。

在債券價格上漲時，有優於短期債券的上漲空間，也有比定存更高的配息，而在債券價格下跌時，也不會像股票的跌幅那麼深，可以帶來更好的保本避險效果，所以中期債券是適合與股票搭配的

債券資產。而長天期債券有較大的價格波動與配息，若能掌握政府公告利率轉折區段，例如 2022 年因高通膨率的快速升息，長天期債券將帶來更好的獲利表現。

黃金投資標的 ETF

重金屬是另一種類別的資產，屬於礦產原物料，投資人通常以期貨方式投資，想要投資重金屬的人也可以尋找相關的 ETF，不過大多數的礦產／金屬 ETF 持有的都是相關產業的公司，並不會持有期貨或實體礦產。大部分投資人在投資礦產 ETF 的第一優先選擇是黃金，主要是為了避險與抗通膨。

$ SPDR Gold Shares（GLD）

GLD 是投資實體黃金的知名黃金 ETF，規模超過 500 億美元，內扣費用為 0.4%，從 2004 年上市以來的整體績效為 375%，年化報酬率 7.8%，自 2006 年起，價格就一路上漲，即使 2008 年金融海嘯

Portfolio	Initial Balance	Final Balance	CAGR	Stdev	Best Year	Worst Year	Max. Drawdown	Sharpe Ratio	Sortino Ratio	Market Correlation
SPDR Gold Shares	$10,000	$37,466 ❶	7.80% ❶	17.07%	30.45%	-28.33%	-42.91% ❶	0.46	0.74	0.07

Portfolio Growth

資料來源／ PORTFOLIO VISUALIZER 網站

短暫回跌後又繼續上漲至 2012 年。2013 年是美國從金融海嘯量化寬鬆後的首次確定縮債與計畫升息，黃金價格立即下跌回應，直至2019 年，金價才又明顯上漲，在 2020 年底重回過去的高檔，績效變化請參考圖 6-4。

　　由於黃金價格與股市的關聯性低，因此也有人將黃金當作資產

配置的一部分，主要是為了應對美元貶值與抗通膨的方式。

我不建議將黃金納入資產配置的一環，主要原因是：黃金不像企業會進行生產，價格僅由供需決定。絕大多數的企業會將原物料透過生產線產出成商品，或將資料轉變成有價值的服務，企業有實際產能，而這些產能會帶來獲利，幫助營運成長，而獲利成長將反映在股價或股息上。

黃金是一種礦產，不會產生額外價值，也不會產出更多黃金，黃金的價格由市場供需決定，不管是理性或是由恐慌造成，長期擁有黃金並不保證獲利，因為它並沒有實際的產值。黃金價格在 1985 至 2005 年的 20 年間幾乎處於盤整狀態，價格無明顯波動，更別說是長期上漲了，報酬績效表現比同時期的定存還差，通常只有在美元貶值時才具投資價值，所以黃金的特性比較適合做波段交易而非長期持有。因此，我認為黃金未必需要規劃在資產配置中。

全球房地產市場標的 ETF

　　談到資產配置，除了股票與債券外，許多人都會想到房地產，買一間房子收租金，可以多一筆被動收入，還能坐等房價升值，又不用承受股市的漲跌波動，而房地產的價格也不會直接受股市影響，算是一種很好的資產配置標的，但缺點就是單次投資金額太高，許多人連準備頭期款都覺得困難。

　　如同 ETF 的概念一樣，一群人可以集中資金買進數十檔、上百檔股票，同樣也可以集中資金買下一整片房地產或是商場與辦公大樓，獲利同樣來自這些商場百貨與商業辦公大樓，這樣的不動產投資信託就稱為 REITs（Real Estate Investment Trust）。

　　REITs 的投資範圍不僅限於百貨商場與辦公大樓，還包含物流中心、數據中心、飯店度假村、工業廠房等具商業價值的不動產，所以與其稱 REITs 是投資房地產，不如說是投資不動產更為貼切。依據美國規定，REITs 當年度 90% 的收益都必須分配給股東，就像是公司必須將當年度 90% 的盈餘以現金股利方式分配給股東，是一項適合想穩定領息的選擇。

💲 Vanguard Real Estate Index Fund ETF （VNQ）

VNQ 成立於 2004 年，是專門投資美國不動產的 REITs ETF，內扣費用率為 0.12%，投資範圍涵蓋住宅、工業、零售、醫療、辦公室、房地產服務、度假酒店等類型，屬於季配息型 ETF。

💲 Vanguard Global ex-US Real Estate Index Fd ETF （VNQI）

VNQI 成立於 2010 年，專門投資美國以外的不動產，內扣費用率為 0.12%，投資分散在全球 38 個國家，主要集中在日本、澳洲、香港、英國、中國，光前五個國家就占了近 60% 的權重，又以日本的 23% 位居第一。但是 VNQI 的配息並不穩定，雖是一檔季配息的 ETF，但在股市表現不佳時，常有不配息的情形發生，配息的金額波動也大。

REITs ETF 的特性是配息會比指數型 ETF 更高，雖然 VNQ 的配息率換算下來只有 4% 左右，對於習慣以 5% 殖利率當標準的台灣投資人來說並不高，但相較於代表美國市場的 VTI 來說，其股息殖利率通常都不會超過 2%，VNQ 的配息超過 VTI 有兩倍之餘，若轉

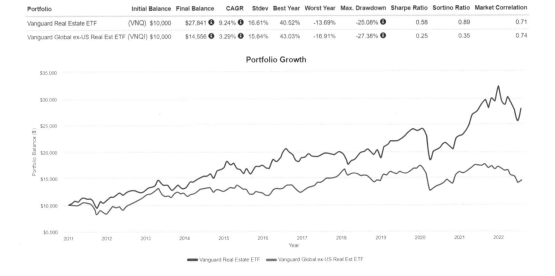

【圖 6-5】REITs ETF VNQ 與 VNQI 的績效表現

Portfolio		Initial Balance	Final Balance	CAGR	Stdev	Best Year	Worst Year	Max. Drawdown	Sharpe Ratio	Sortino Ratio	Market Correlation
Vanguard Real Estate ETF	(VNQ)	$10,000	$27,841 ❶	9.24% ❶	16.61%	40.52%	-13.69%	-25.08% ❶	0.58	0.89	0.71
Vanguard Global ex-US Real Est ETF	(VNQI)	$10,000	$14,556 ❶	3.29% ❶	15.64%	43.03%	-16.91%	-27.38% ❶	0.25	0.35	0.74

統計期間／2011 年 1 月～ 2023 年 1 月
資料來源／ PORTFOLIO VISUALIZER 網站

　　換成台灣 0050 的殖利率一般在 3% 的水準，這一檔 REITs ETF 的配
息率，感受上相當於 6% 的配息殖利率，對於投資美國可算是一種
高股息的選擇標的。

　　雖然 VNQ 與 VNQI 是不同於股票與債券的另一種資產，但這兩
檔 ETF 持有的還是房地產信託公司的股票，雖然每年能夠帶來比指
數型 ETF 較高的配息，但其價格波動也與股市有很大的連動性，甚

至在股市恐慌時，其跌幅可能比大盤更深，本身並沒有像債券能夠帶來抗跌或避險的效果。

你可以想像 VNQ 是一種高股息股票，配息高但價格波動就如股市的其他中小型公司股票一樣。REITs ETF 的績效表現並不如一般的房地產，建議不需要分配資產在 REITs 上，或是少量配置即可。圖 6-5 是 VNQ 與 VNQI 自 2011 年以來的績效表現，美國的房地產報酬明顯比非美國市場高出許多。

美股 ETF 搭配方式

要如何透過美股投資全球，將資產分散到全世界與不同資產特性的投資標的呢？運用這些方法進行投資，不再將資產集中在台灣，可以將資產分散到全世界市場，以下將列出不同考量角度的資產組合方式。假設你是積極型投資人，想規劃股票與債券 80：20 的比例配置，我建議以下 3 種作法：

第一種是最簡單的投資全球方式，就是用一檔 VT 與 BNDW 進

行配置，VT 為全球股市的代表，持股占整體比例的 80%，BNDW 為債券標的代表，持股占 20%。投資美國股市的比例會有 48%（80% 裡的 60%），其他國家總和占 32%，日本占 4.8%，而美國債券占比 10%，非美國債券也占比 10%，請參考表 6-1。

第二種是將美國與非美國的資產配置再進行細部分配，如果認為表 6-1 的投資配置過於集中美國市場，或甚至想要投入更多在美國市場，VT 的投資比例不符合需求，也可以改以 VTI 與 VXUS 這兩檔 ETF 調配股票投資於美國與非美國的分配比例，以 BND 與 BNDX 調配債券的投資分配比例。表 6-2 是舉例將美國比例降低的分配規劃方式。

如果想針對非美國市場再做更細部的比例分配，這時就可以 VEA 與 VWO 替代 VXUS，自行設定已開發市場與新興市場的投資資產比例分配，請參考表 6-3。另外，若想以美國為主要投資目標，債券也只想投資低風險的美國公債，並將債券到期時間分散投資，也可以將 BND 與 BNDX 替換成 VGIT 與 TLT，分配範例如圖 6-4。

投資人可以依據自己的喜好規劃適合的資產分配方式，將資產分配在全世界不同國家與不同標的選擇，以上介紹的標的就足以規劃出多種不同需求的分配方式。

【表 6-1】投資全球股債配置（VT+BNDW）

資產類型	類別	標的	比重
股票 (80%)	美國股市	VT (100%)	48%
	非美國股市		32%
債券 (20%)	美國債券	BNDW (100%)	10%
	非美國債券		10%

【表 6-2】投資全球股債配置（VTI+VXUS+BND+BNDX）

資產類型	類別	標的	40%
股票 (80%)	美國股市	VTI (50%)	40%
	非美國股市	VXUS (50%)	40%
債券 (20%)	美國債券	BND (40%)	8%
	非美國債券	BNDX (60%)	12%

【表 6-3】投資全球股債配置（VTI+VEA+VWO+BND+BNDX）

資產類型	類別	標的	40%
股票 (80%)	美國股市	VTI (50%)	40%
	已開發國家股市	VEA (30%)	24%
	新興市場股市	VWO (20%)	16%
債券 (20%)	美國債券	BND (40%）	8%
	非美國債券	BNDX (60%)	12%

【表 6-4】投資全球股債配置（VTI+VEA+VWO+VGIT+TLT）

資產類型	類別	標的	40%
股票 (80%)	美國股市	VTI (70%)	56%
	已開發國家股市	VEA (20%)	16%
	新興市場股市	VWO (10%)	8%
債券 (20%)	美國中期債券	VGIT (70%)	14%
	美國長期債券	TLT (30%)	6%

製表／雨果

但我要強調以最簡單的 VT 與 BNDW 搭配的全球資產配置方式為例，VT 主要是以全球各國家股票的市值加權決定持股比例，而美國占比達到 60%，並非是因為 ETF 發行商特別鍾愛美國市場，而是美國的股票表現較其他國家的股市耀眼，市值比較高，自然增加美國股票的占比，這是市場績效演變的結果。

　　如果投資人想自行決定不同市場的資產比例，這表示投資人自己臆測或決定投資發展方向，結果未必會比單純持有一檔 VT 更好，這就像選股必須要先進行研究，然後決定分配比較高的資產比例在比較看好的公司或國家。當然，結果也是要自行承擔，因為個人偏好在長期投資之下，未必會表現的比單純的 VT 加上 BNDW 更好。

務必學會兩大美股下單方式

　　對於投資美國股票或債券，多數人都不知道該如何著手，其實想要以上述內文提供的選股方式投資美國並不困難，台灣投資人可以在美國券商開立帳戶，將錢匯到海外券商，直接在海外下單，或

【圖 6-6】美國嘉信證券網頁下單圖示

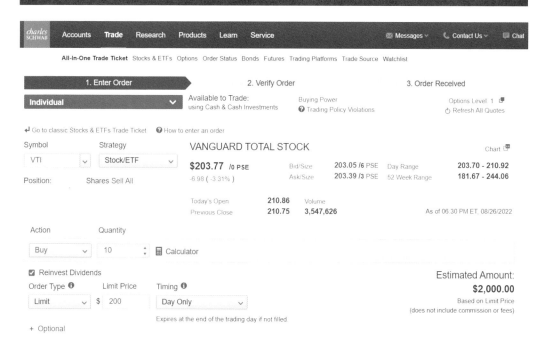

是透過國內券商的複委託下單。以下將介紹複委託及開立美國證券
帳戶的下單方法。

💲 開立美國券商帳號

以美國嘉信證券為例,其相關開戶與下單操作教學內容較多,

可直接輸入短網址或掃描 QR Code 開啟網頁詳見說明，或搜尋「嘉信開戶　雨果」與「嘉信下單　雨果」的關鍵字，可直接找到網頁連結。

$ 台灣複委託

以國泰世華複委託帳戶為例，透過國泰世華複委託交易平台購買美股 ETF，無論金額大小，手續費都享有固定 3 美元的優惠，優惠期限以官網公告為準。透過電腦或手機安裝下單軟體進行交易，以下將以國泰世華「樹精靈」APP 當範例說明。

column

台灣複委託下單方法

以國泰證券「樹精靈 App」當範例說明

步驟 **1**

點選「下單」選項，並切換為「複委託」選項

下載國泰證券「樹精靈 App」，登入後在畫面下方點選「下單」選項，進入下單頁面的左上方選項「證券」切換為「複委託」。

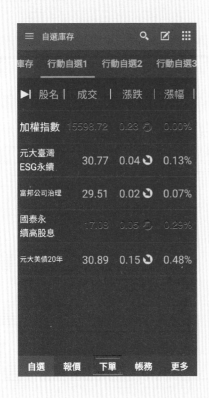

步驟 **2**

輸入相關欄位，確認送出委託單

進入「複委託」下單頁面，在放大鏡的欄位輸入標的代號，以美國的 VTI 為例，輸入後就可以看到 VTI 最新報價，接著在下方委託價欄位輸入想買進或賣出的價格，在股數欄位輸入想要交易的股數，最小單位是 1 股，按「買進」或「賣出」按鈕，最後再次「確認」送出委託單。在成功送出交易單後，可按「回報」確認是否委託成功。

步驟 3

點選「刪」以清除委託單

若想要刪除委託單可以在委託清單上點選「刪」進行刪除，點擊後會出現確認畫面，只要按下「確定」即可完成刪單。若想要一次刪除所有未成交的委託單，也可以按「全刪」清空所有委託單。

分散投資風險，
「台股、美股」雙管齊下

　　透過美股投資全世界，不代表就不能投資台股，畢竟主要生活在台灣，必須有一定比例的台幣資產，將來有任何其他金融需求時，台灣資產是非常重要的資產證明項目，可以是貸款抵押品，所以台股與美股都要投資，比例則可自行決定。

　　由於台灣並沒有方便投資的債券選擇，如果台股投資也想規劃股債配置，美國債券仍是較方便的選擇，可搭配元大發行的美國政府 20 年期以上債券基金（00679B）ETF，元大另有發行兩檔美國政府 1 ～ 3 年期短期債券（00719B）與美國政府 7 ～ 10 年期中期債券（00697B），但因為這兩檔的日交易量相對較低，日成交量約 200 張，不適合做為台股配置的選項。最簡單的方法仍是以台幣定存作為替代，如同第四章的再平衡操作範例。

　　投入一定比例資產持有台股與定存也可減少匯率的影響，畢竟生活中主要使用的仍是台幣，若大部分資產都換成美元投資美股，當有需要動用資金時，就必須面對是否有匯損的情況。假設需要賣

資產類型		單位 （新台幣/萬元）	分占比例	總比例
美股	美國券商	1,500	50%	70%
	台灣美股 複委託	600	20%	
台股與 現金	台股	750	25%	30%
	現金與 備用金	150	5%	
地區	美國	1,500	50%	100%
	台灣	1,500	50%	

【表 6-5】台股與美股的資產分配比例）

製表／雨果

出部分美股換回台幣現金時，帳上獲利 15%，但匯率虧損是 10%，則這筆投資實際上只有獲利 5%。若台灣有資產可以運用，即可大幅減少需要動用到美元資產的機會，減少實際匯率的影響。

提供我的資產配置比例目標給大家參考，投資初期的台幣資產比例理當較高，先建立好台灣資金的基本需求額度，再慢慢增加美股資產比例，建議不要一開始就把全部本金兌換成美元只投資美股，當生活上有大筆資金需求時，很可能會被迫將美元換回台幣應急。表 6-5 就是目前我的國內外資產配置規劃，讓大家做參考。

第七章

理財的
正確心法

許多人認為存股就是一直買、不要賣，有閒錢就買，放著不動只要領股利，尤其是買高股息 ETF 更不需要賣出，但我不認為是這樣。股市有漲有跌，雖然預期長期來看，股市是上漲趨勢，但過程中有機會一年上漲 30%，同樣也有一年跌 30% ～ 50% 的機會，辛苦存下 10 ～ 20 年的股票，帳上價值已來到 3,000 萬元，碰到一次 50% 的跌幅就會減少 1,500 萬元，等它再漲回到 3,000 萬需要多久時間？

　　如果能夠做好資產分配，按照計畫執行再平衡，縮小整體資產的跌幅，若別人滿手股票下跌 50%，你卻因為做好資產配置，只減少了 30%，當股市重回上漲趨勢後，資產恢復的速度也會比別人快。任何的理財都需要投注心力去研究和學習，才能賺飽荷包。

學會指數化投資，定期調整資產比例

　　以圖 7-1 為例，這是代表台股大盤的 0050 與高股息 0056 自 2018 年 2 月至 2023 年 2 月的股價走勢圖。假設在每年一月的第一

【圖 7-1】 0050 與 0056 的股價走勢圖

元大寶來台灣卓越50證券投資信託基金

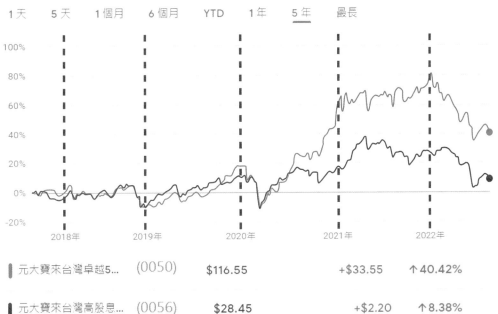

$116.55　↑40.42%　+33.55 5 年

8月29日, 下午2:31:12 [UTC+8]・TWD・TPE・免責事項

| | 1 天 | 5 天 | 1 個月 | 6 個月 | YTD | 1 年 | 5 年 | 最長 |

▌元大寶來台灣卓越5...	(0050)	$116.55	+$33.55	↑40.42%	
▌元大寶來台灣高股息...	(0056)	$28.45	+$2.20	↑8.38%	

統計期間／2018 年 2 月～ 2023 年 2 月
資料來源／PORTFOLIO VISUALIZER 網站

週交易日執行資產再平衡，執行時間點如圖中的垂直虛線所標示，以過去 5 年的經驗，剛好可以在 2019 年股市回檔低點時，動用定存資金加碼股市，參與 2019 年至 2020 年的漲幅。然後在 2020 年 1 月再執行再平衡，把股票上漲的獲利賣掉放到定存，剛好閃過 3 月的大股災，如果有設定再平衡條件是在股市下跌多少比例時執行再平衡，此時就剛好再將部分定存解約加碼股市，如果沒有也沒關係。

直到 2021 年 1 月再度執行再平衡時，投資 0050 的人需要將股市上漲的獲利賣出，換成現金定存，買 0056 的人股價並沒有漲很多，但仍有領到部分現金股利，這時執行再平衡也是重新分配資金，增加持股與定存金額。到了 2022 年 1 月執行再平衡時，0050 與 0056 皆微幅上漲，同樣是需要賣出部分持股換成現金定存，然後一月也剛好發生股市大幅回檔，就能把先前的部分獲利換成現金保留。

自 2022 年 1 月股市大幅回檔，你的股票帳面價值也跟著縮減，但幸運的是在 1 月執行再平衡時，已經可把部分獲利換成現金存在定存。如果有設定在股市回檔多少比例時要執行再平衡，我相信在 2022 年上半年應該已執行過至少一次再平衡，同時提領定存現金加碼股市了。到了 2023 年 1 月時，兩檔股價都比 2022 年 1 月時更低，此時執行再平衡就可以從定存提領現金加碼股市了。相較於有閒錢就買好買滿且都不要賣的人，2023 年 1 月將擁有更多的資金在股市

低檔買進更多股票。這就是為什麼我很強調資產配置的重要性，其實你也可以解讀成本金的靈活運用。

大部分的存股族會鼓勵投資人把買股票當作存錢，鼓勵投資人不斷買進，但畢竟股票還是具有大幅漲跌的風險，不會像定存的本金永遠不變，投資上仍建議採用指數化投資，做好符合自己風險承受度的資產配置，然後至少 1 ~ 2 年執行一次再平衡，校正資產分配比例，以符合風險承受值。

除了資產配置與再平衡這兩個重要觀念，以下將分享更多想透過 ETF 存股的人應該要具備的心態與觀念，幫助你更有信心的長期存股。

存指數型 ETF 的先天限制

對於想要存指數型 ETF 的投資人，無疑就是希望獲得接近大盤的整體報酬，投資標的無非就是 0050、006208、VTI、VT 等台股、

美股或全球型的 ETF。投資指數型 ETF 必須長時間持有，而且要有累積十年以上的心理準備，不可以在 2 ～ 3 年內因看到耀眼的投資績效就想出場。運氣好時遇上股市大多頭，特別是景氣榮景末段，可能會碰上大盤一年上漲 10% ～ 20% 的機會，或許在短短幾年內的獲利績效超過 50%，但若不幸碰上股災或景氣衰退，2 ～ 3 年內的帳面績效轉為負成長的機會大增，而且會有越攤越貧的感覺。

投資指數型 ETF 必須有此認知，股市績效會跟著大盤走，照過去 30 年的歷史紀錄，股市多頭時期可能長達 8 ～ 12 年，而空頭回檔時期也有 1 ～ 3 年，你不會知道在開始投資股市時是處於那一段的景氣，所以只看 3 年的投資績效可能是獲利豐收，也可能是資產腰斬。但若將時間拉長到 20 年甚至 30 年，就可看到 0050 自 2003 年上市至 2022 年 8 月，19 年含息的還原股價漲幅是 477%，年化報酬率約為 9.66%，美國標準普爾 500 指數自 1992 年 8 月至 2022 年 8 月，30 年的不含息指數漲幅是 880%，年化報酬率約為 7.9%，中間經歷過多次的 30% ～ 50% 跌幅。

存股不是要賺價差

　　存股族不管你是選個股或是存 ETF，首要摒除想要賺價差的心態，若你是在操作價差屢屢虧錢而轉為存股族的人，更沒有理由在改買 ETF 後仍想做價差，你需要重新調整心態，存股賺的是企業的長期成長，等待企業將獲利反映在股價或股息上，不應該像過往一樣看到股價上漲 20%、30% 就想要獲利了結，反而錯過未來繼續上漲的機會。同樣的，存股族也不應該為了躲避預期可能發生的股市回檔而全數賣出股票，因為這也是做價差的心態。

　　建議採用定期定額與執行再平衡策略，定期定額可以分攤買進成本，即使在股市下跌時也持續買進，不斷增加持股，而再平衡則是在固定條件下重新分配資產，若股市下跌幅度大，就用其他資產換成現金加碼股市，同樣可達到逢低加碼效果。透過定期定額與再平衡可以應對股市波動，而不是躲避風險。

　　如果投資人以躲避風險的心態買賣股票，容易發生預期股市會回檔的情況，然後將持股大量賣出，但是股市卻不如預期下跌，反而持續上漲好幾個月，這時候投資人不但錯過這一段漲幅，想反悔

還需用以更高的價格才能再買回股票，實在得不償失。若真的被猜中遇到股市回檔，還要看這時回檔的價格是否有比賣出時的價格低，要跌多少才要將股票重新買回，這些問題其實都難以推測，反而讓投資人回到做價差的模式，這與一開始想要存股的心態完全相反。

投資要分散，資產要分配

　　存股的定義就是買進股票後至少持有 10 年、20 年以上，一開始提到許多人存股喜歡選擇金融、公共事業與民生食品類股，因為這些公司有穩定的獲利能力以配發股息，倒閉的風險相對低。但只要是投資個股就要承擔單一企業營運的風險，即使是規模龐大的公司都有可能在某一年因為景氣與產業大幅改變，或是經營者經營不善，甚至掏空公司而衰落，想要避免資產受到單一企業衰退的影響，最簡單的方法就是分散投資，將資產分散到多家公司。

　　而要做到分散投資，可自行挑選 20 檔適合存股的個股，將每一家企業分配到的資金限制低於 5%，如此一來即使同時有兩家公司

營運突然衰退，股價大跌 50%，你的股票資產也只會跌 5%。另一個比較簡單的分散投資方式是直接買進 ETF，挑選能夠認同其選股邏輯的 ETF，藉由基金公司的管理，一次就能持有 30 ～ 50 檔個股，若買進 2 ～ 3 檔 ETF，甚至可將持有企業增加到上百家，美股 ETF 甚至持股數千家，徹底分散投資集中的風險。

除了投資的公司要分散，投資的資產屬性也要廣布，這就是所謂的資產分配。在第六章介紹多種美股的 ETF 資產類型，資產類型除了企業股票，還有債券、房地產、原物料等，不同資產的漲跌因素都不相同，若能將投資分配部分比例到非股票資產，像是債券，則能有效降低資產波動，做好再平衡，還可能帶來更好的投資獲利。藉由 ETF 的特性達成投資分散目的，再加上合理的資產配置，就可以用同樣的投資組合長期存股了。

買股不要中斷，配息要存下來

持續買進股票是存股族必須要做的事情，你不知道買股的當下

是股市高檔還是低檔，未來會上漲還是下跌，但可以確定的是：只要持續買進就可以獲得這段時間的平均成本，在銀行設定每月定期定額買股是最簡單的方法，時間到了就自動扣款買進，不用擔心忘了買，也不用煩惱下單時看到當天股市大跌產生猶豫，做不到有紀律的執行投資規劃。

記得領到的配息也盡量不要花掉，大家都知道複利能為投資帶來巨大的影響效果，而複利的重點是將獲利持續滾入本金，擴大下一次的獲利基數，絕不是買進後只想靠股價上漲來增加獲利，如果將每次的現金股息都花光，那麼就不會看到複利的效果，只會看到股價漲跌的投資結果。切記，配息不要全部花掉，必須再投入資產壯大本金才會得到複利之效。

另外，定期定額在投資初期會有明顯的成本分攤效果，例如第一筆 1 萬元資金買進股價 100 元的股票，可以買到 100 股，假設一個月後的第二筆 1 萬元資金買到股價 80 元，則可以買到 125 股，攤平影響力有 50%，2 萬元總共買到 225 股，平均成本價是 88.89 元，持有成本立即降低 11%。可是，5 年後帳上可能已累積到價值 100 萬元的股票，再投資 1 萬元資金進去，對於 100 萬元的本金來說，影響力只有 1%，若此時買到比成本價低 10% 的股價，對於總成本的攤平效果只會降低 0.1%，可說幾乎無感。

【表 7-1】定期定額 1 萬元與 5% 現金股息
再投入的成本攤平效果比較

(單位：元)

累積 本金	$10,000	$100,000	$1,000,000	$5,000,000	$10,000,000
定期定額 1 萬元	$10,000	$10,000	$10,000	$10,000	$10,000
攤平 影響力	50%	9.1%	1.0%	0.2%	0.1%
5% 股利 再投入	$500	$5,000	$50,000	$250,000	$500,000
攤平 影響力	4.8%	4.8%	4.8%	4.8%	4.8%

製表／雨果

投資時間越久，配息再投入的重要性就越高，從表 7-1 可見，假設你買進第一筆 1 萬元就剛好碰上配息，以 5% 殖利率為例，可以領到 500 元現金股利，再投入 500 元的攤平影響力是 4.8%，若是帳上股票價值已到 100 萬元，5% 的現金殖利率可領到 5 萬元，全部再投入買股的話，對於總本金的影響力同樣有 4.8%，若此時買到比成本價低 10% 的價格，對於總成本的影響會降低 0.48%，而非 1 萬元的 0.1%。可以想像若本金已經來到 1,000 萬元，可以領到的 5% 現金股利是 50 萬元，總攤平影響力還是 4.8%，買到比成本價低 10%

的價格，對於總成本的影響還是 0.48%，但 1 萬元投資額的成本降低效果只剩 0.01%。

可見，存股越到後期，股息股利再投入的重要性，遠比每月的定期定額更加重要，所以不要輕易地把每年領到的股利用來消費。當然也未必要將所有的現金股利全部投入股票，拿出部分股利犒賞自己，或是提高生活品質，可你一定要知道，這樣做就是會減緩投資的複利效果。所以，股利用來消費的比例盡量控制在範圍之內，在提高生活品質與累積退休金之間取得理想的平衡。或是退而求其次將股利全數再投入，但停止每月定期定額的投資。既然投資後期，每個月定期定額對於成本的影響力已經很低，也可考慮將這筆資金用來提升自己的生活品質或挪作他用，而金額較大的股息就全部繼續再投入。

別太注重配息

股市是企業向一般群眾募集資金的地方，相對的也是民眾可以

直接投資大型企業的管道，民眾提供資金讓企業可以依計畫擴張，企業也將更多的獲利回饋給投資者。若企業獲利增加可以回饋投資人通常有兩種方式，一是自由市場交易讓股價成長，另一個則是企業配發股利股息。

股價成長是受買賣交易者影響，企業獲利增加展現在財報上，投資人看好企業未來發展，於是更多人願意用更高的價格買進該公司股票，帶動股價上漲。而股息股利是受到董事會影響，公司今年獲利比較多，來年又沒有大型支出需要大量資金，就可以將獲利以現金股利回饋給股東，公司董事會決定要配發多少錢。

若先排除整體大環境的影響，公司的獲利理論上會先反應在股價，公司營運好獲得投資人肯定，股價自然上漲。而董事會依據公司去年的獲利、帳上可運用的現金、與來年的資金需求，評估決定當年度可配發的現金股利金額，而這筆現金等於是公司淨值的減損，同樣會從股價直接換算反映。

未來股價會上漲或下跌，與現金股利沒有太大的關係，如果企業前景有疑慮，投資人反映出股價下跌，配發再高的現金股利也不會扭轉局勢，也就是拿了股息賠了價差（貼息）。若未來持續看好公司發展，投資人願意以更高的價格買進，那配息完之後的價格仍

會繼續上漲，漲回除權息前的價格（填息），然後漲得更高，即使沒有配息，股價本來就會持續上漲。

　　所以追根究柢，投資人該在意的是企業的獲利表現，而不是現金股利的多寡，因為股利還是從獲利中提撥出來發放，看好未來的發展，股價本來就會上漲，與配息多少無關。所謂發展越穩定，是指企業發展到不會再有技術創新的境界，想要增加獲利就是要依靠擴大市場規模，而且大者恆大，也不容易被市場淘汰。這樣的企業可以預期其股價不會有快速上漲的機會，也因為獲利穩定，可以穩定的配發現金股利，成為許多投資人的選擇。

　　如果你是想長期投資的人，投資目標可能是 **20** 年後的退休金，那應該要忽略高配息的公司，將投資集中在成長型公司，如果是存 **ETF** 的話，就是投資指數型 **ETF**，不要追求高股息的 **ETF**，因為高股息 **ETF** 持有的公司都是已發展穩定，難有高成長的企業。

　　如果不確定能否堅持長期持有股價較大波動的市值型 ETF，對於高股息又很嚮往，建議可以採用第五章的表 5-7 的方式，先以指數型 ETF 與高股息 ETF 各占一半，然後觀察幾年再評估績效表現，當對指數型 ETF 更有信心時，再調整兩者之間的持股比例。

別拿自己績效跟他人比較

前面的章節介紹多種台股與美股 ETF 搭配的投資方式，也分析每一檔 ETF 的特性與搭配後可預期的效果，除了明確指出指數型 ETF 的長期投資績效比高股息 ETF 好，其他 ETF 的投資組合就沒有再深入比較其績效優劣，因為歷史數據統計結果並不能代表未來的績效表現，也不代表績效比較好的就適合你的需求，更不表示你應該要去追求目前看起來績效最好的投資方式。

我知道許多投資人有能力找到相關資料，比較各檔 ETF 的歷史績效，拼湊各種組合，試圖找到長期績效表現最好的投資方法，並時常拿自己目前的績效與他人比較，想確認自己使用的方法比較好，但我認為沒有必要。即使現在你的績效比較好，幾年後未必還能繼續保持，再過幾年可能又變你的績效比較好了，這種特定時間做比較的績效並無意義。

舉例來說，2018 年至 2021 年投資半導體產業的人，投資績效應該比大盤好，但 2022 年以後，半導體的跌幅也是最深的。在 2022 年以前會認為半導體的需求旺盛，未來前景看好，只要單壓半導體

就可以獲得更好的績效，但到了 2022 年上半年下跌 40%，整體績效可能又輸給大盤指數或科技股指數，或許過兩年半導體又恢復需求動能，績效表現又遠高於大盤，像這樣短期的績效比較真的不重要。

同樣的，也不需要與其他人比較績效，因為每個人的經濟條件與需求不同，有的人確實需要用高股息 ETF 的現金配息補貼房貸或生活費，雖然他明白指數型 ETF 在未來可期待更高的成長，但現在就是需要每年有 10 ～ 20 萬元的股息分擔房貸，也有人有好幾間在收租的房產，光靠每月收租就有 30 萬以上的收入，扣除富裕的生活費，每個月都還可以投入 5 萬元投資美國科技產業 ETF，有能力承擔股價高波動，並做到長期投資攤低成本，這筆投資金額完全不會影響到生活。

兩種截然不同的投資方式，你能說哪一個是錯誤的嗎？同時也會有自己的需求與考量，包括自身的風險承受度，不管是財務面還是心理層面，找出適合自己的投資與資產配置方法，且預期的長期投資報酬率能符合需求，比跟別人比較投資績效更為重要也更有意義。

股票下跌、債券上漲並非定律

　　許多人聽過股票搭配債券的資產配置方式，在第六章也介紹股債配置的各種組合，但特別在 2022 年，很多人對於股債配置的方式產生懷疑，因為美國政府利用快速升息壓制失控的通貨膨脹，導致股票與債券同時下跌，與一般人所認知的「股票下跌時債券會上漲，投資債券有保護股票資產的作用」有所不同，於是開始認為股債配置的方式是否已經不合時宜。

　　其實並非是股債配置的方法不管用了，而是許多投資人對於股債配置有錯誤的認知。首先，債券與股票是不同性質的金融資產，影響這兩種資產漲跌的因素不同，這也是能被用來當作資產配置組合的原因，所以不會股票漲的時候債券就跌，當然也不會在股票下跌時債券就上漲。股票與債券是些微負相關，甚至是不太相關的資產，而非絕對負相關的資產。

　　股市受到企業發展與景氣影響，債券則是受市場利率影響。當政府祭出降息刺激經濟時，企業可以更低成本的資金擴大投資，股市很可能因此而上漲，而債券價格也會因降息而上漲，因為投資人

願意用更高的價格購買配息比較高的債券。而當政府使出升息手段抑制通貨膨脹時，股市可能會率先下跌，特別是容易吸引熱錢的科技股，但當通膨控制得當時，經濟發展熱度不減，股市很快就能恢復上漲趨勢，但債券價格會因升息而下跌，卻不會因為經濟發展好而上漲。

所以投資人其實很容易看到股市與債券同漲同跌的情形，只是當股市發生恐慌下跌時，資金常常會先躲到債券市場，造成股票下跌、債券就會上漲的現象，但長期來說，這並非是一種定律。圖 7-2 以代表美國股市（VTI）與美國長期債券（TLT）兩檔 ETF 為例，在圖中 ❶ 虛線框中可見股市上漲時，債券反向下跌；在 ❷ 虛線框中看到股市上漲時，債券也同時上漲；在 ❸ 虛線框中看到股市崩跌時，債券逆勢上漲；也能在 ❹ 虛線框中看見當股市下跌時，債券同樣也是下跌。

先不論股債彼此漲跌的真實原因，在這短短 5 年的價格走勢圖中，就可看到股債一漲一跌與同漲同跌的情況發生，所以 2022 年發生股債同跌的情形實屬正常現象，或許兩年之後，在美國政府開始降息救經濟的情況下，很快又可以看到股債雙漲的表現。

【圖 7-2】VIT 與 TLT 的價格變化

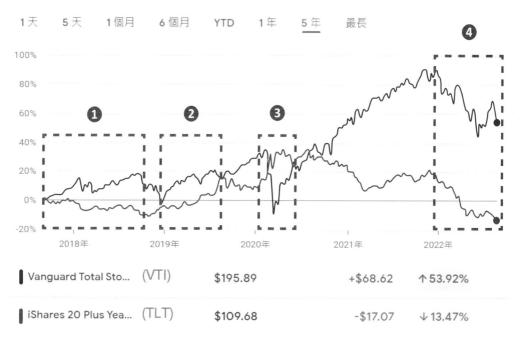

Vanguard Total Stock Market Index Fund ETF

$195.89 ↑53.92% +68.62 5 年

9月1日, 中午12:53:53 [UTC-4] · USD · NYSEARCA · 免責事項

| | 1天 | 5天 | 1個月 | 6個月 | YTD | 1年 | 5年 | 最長 |

▮ Vanguard Total Sto... (VTI)	$195.89	+$68.62	↑53.92%
▮ iShares 20 Plus Yea... (TLT)	$109.68	-$17.07	↓13.47%

統計期間／ 2017 年 9 月至 2022 年 8 月
資料來源／ Google Finance

其實，若是投資中短期債券，債券的保護效果仍然明顯。如圖7-3就以2022年2月至2023年2月為例，顯示代表美國股市（VTI）、台灣股市（0050）、美國中期國債（VGIT）、與美國抗通膨債券（VTIP）這一年的股價變化，可以看到美國與台灣股票市場的股價波動很大，而美國中期國債與抗通膨債券的價格波動明顯平緩，雖然兩者都在2022年1月明顯下跌，但債券的跌幅並沒有股票那麼深。

我想表達的是，即使過去一年發生股債齊跌的現象，中短期債券的下跌幅度仍較小，相較於將100%資產都放在股票而言，有將部分資產放在債券的投資人，整體資產損失的幅度相對較小。譬如過去一年100%持有0050的人，總資產發生15%的跌幅，另外有20%資產是持有VTIP的人，VTIP的下跌幅度僅7.5%，這代表有20%的資產比另一個人少跌7.5%，等於整體資產少跌1.5%，表示債券還是具有保護資產的作用，並減緩資產波動幅度的效果。

【圖 7-3】VTI、0050、VGIT、VTIP 的股價表現

Vanguard Total Stock Market Index Fund ETF

$207.84 ↓8.06% -18.23 1 年

2月3日, 晚上8:04:00 [UTC-5] · USD · NYSEARCA · 免責事項

1天	5天	1個月	6個月	YTD	1年	5年	最長

▌Vanguard Total Sto...	(VTI)	$207.84	-$18.23	↓8.06%
▌元大寶來台灣卓越5...	(0050)	$121.00	-$21.30	↓14.97%
▌Vanguard Intermed...	(VGIT)	$59.58	-$5.26	↓8.11%
▌Vanguard Sht-Term...	(VTIP)	$46.97	-$3.81	↓7.50%

統計期間／ 2022 年 2 月至 2023 年 2 月
資料來源／ Google Finance

資產再平衡為重中之重

　　執行資產再平衡是非常重要的關鍵操作，必須再重複提醒大家，存股操作不能有一直買、不要賣的錯誤觀念，務必適時進行資產再平衡，所謂的資產配置並不是要追求最高報酬率的投資方法，而是要鞏固資產不要因為單一特定事件就出現巨大虧損，所以才將資產多元分配在股票、債券、保險、定存、房地產，有能力的人甚至可投資黃金珠寶、古董畫作等商品。

　　而資產配置的規劃是依據自己的投資需求與風險承受度所做出的決定，如果某項資產因為獲利大漲而讓此資產價值偏高了，就應該適時調整，藉由賣出部分比例偏高的資產，改增加持有比例較低的資產，進一步將資產平衡回原本規劃好的投資需求與風險承受度。雖然資產再平衡有時可能會讓整體報酬比集中投資單一項目更好，但這並不是做資產規劃與再平衡的主要目的，切勿本末倒置。

投資標的取決於用錢的時間

　　然而，長期投資大盤與做好資產再平衡並不是唯一最好的投資方式，而是以你的投資需求為主，最基本的判斷方式就是依你需要用錢的時間來決定。我們都知道投資大盤可能會遇上連續 2 ～ 3 年的盤整、大漲、或是大跌，如果計劃在 3 年後買車需要準備購車資金，幸運時碰到股市大漲就可以提前買車，或是 3 年後買更好的車，反之遇到股市大跌，只好將買車的時間延後 1 ～ 2 年，但若是遇到生孩子這種無法延後的人生大事該怎麼辦？

　　所以，如果有計劃在未來 2 ～ 3 年需要動用一筆錢，這筆資金就不適合完全投資指數型 ETF，因為到時候很可能是虧損狀態，指數型 ETF 比較適合用來存 20 年以後需要的退休金，或是 10 年後小孩的大學學費，絕對不適合用來準備 3 ～ 5 年內確定會用到的房屋頭期款，或是 2 年後的留學學費。由此可見，短期確定會動用到的資金需求，應該選擇其他更保守的方式來準備。

　　當你需要用錢的時間越短，投資金融商品的價格波動度就要越小，反之可以越高。當然這也不表示只能選擇單一商品，透過股債

配置的比例調整，或是將中期債券改採用短期債券，也可以規劃出波動度不同的投資方式。理想上，當股票的比例越低，債券的比例越高，投資報酬率會越低，但同時波動度也越低，相較於儲蓄險或定存，這兩者又可以提供彈性的資金變現機會，隨時都可以將投資換回現金，也有機會獲得更高的報酬率。

高股息 ETF 沒有比較抗跌

許多人心裡承受不了大盤走勢的波動，更傾向買進能配發較多現金股息的個股或高股息 ETF，認為高股息 ETF 除了能夠穩定配發更多現金股息外，相較於大盤更能抗跌，因為有高殖利率保護，投資人比較抱得住，但這是一個錯誤的刻板印象。

回想前面介紹台股 ETF 的章節，0050 的選股條件是台股市值前 50 大的個股，不管公司配息多少，或是有沒有獲利，而 0056 的選股條件是預估台股殖利率排名前 50 大的個股，不管當年公司的股價與獲利表現如何，如果仔細研究這兩檔 ETF 的成分股內容，就會發

【圖 7-4】0050 與 0056 的股價表現

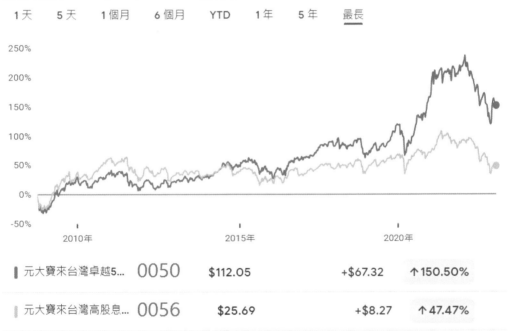

元大寶來台灣卓越50證券投資信託基金

$112.05 ↑150.50% +67.32 最長

12月27日, 上午10:48:28 [UTC+8]・TWD・TPE・免責事項

| | | | | | | | |
|1天|5天|1個月|6個月|YTD|1年|5年|最長|

元大寶來台灣卓越5...	0050	$112.05	+$67.32	↑150.50%
元大寶來台灣高股息...	0056	$25.69	+$8.27	↑47.47%

統計期間／2008 年 10 月～ 2022 年 12 月
資料來源／Google Finance

現有明顯落差，尤其是 0050 的最大成分股——台積電，還有持股產業也大不同。

其實 0050 與 0056 持有的資產都是屬於「上市櫃企業股票」，都是買進「做生意」的公司，只要做生意就會受到景氣循環影響，有時看到 0050 跌的比 0056 多，以為 0056 比較抗跌，其實只是 0050 持有的成分股產業先受到景氣環境影響，過幾個月後可能就輪到 0056 持有的成分股產業下跌了。

如果是突如其來的黑天鵝造成的股災，所有的股票都會同時遭到拋售，沒有產業上的區別。此時就會看到 0050 與 0056 同時下跌，而且因為 0056 持有的個股規模較小，遭到拋售的機率更高，下跌幅度可能更大。

圖 7-4 顯示 0050 與 0056 的歷史股價表現，2022 年時，0050 與 0056 都下跌約 23%，足以證明高股息 ETF 並沒有比較抗跌，0050 與 0056 都是屬於股票型 ETF，以投資上市櫃企業股票為主，你可能會看到不同產業受不同景氣階段的影響，導致有些 ETF 漲的多，有些 ETF 跌的少。

但將時間拉長來看，這些同性質的股票資產都是同樣的風險屬

性，反而是高股息 ETF 的成長性不如 0050 這種市值型的 ETF。千萬別誤以為保守的投資人比較適合高股息 ETF，其實所承受的風險都相同。

保留生活週轉金

在進行任何投資之前，最重要的是預先準備好生活所需的週轉金，當生活發生意外急需一筆資金時，投資資產就是最容易被拿來變現救急的部分。

當我們在有工作收入時，比較擔心的是因為傷病或失業，暫時沒有工作收入，所以需要預留至少半年的生活費當作週轉金，這筆錢需要足夠支撐找到下一份工作，或是身體恢復健康重回職場。

如果是比較嚴重的傷病，更需要保險理賠負擔醫療與看護費用，否則這筆週轉金的所需金額將更龐大，半年的生活費可能只夠支付 3 個月的看護費用與自己的生活費，接下來就必須變賣股票換現金

了。如果這時候剛好碰上股災，那也只能認賠賣股換現金，若資產中有債券 ETF，或許還有機會能獲利了結。

如果是靠存股來支付退休生活費的話，那麼退休後就更需要生活週轉金，而且金額最好準備一至兩年以上的生活費。如上述案例，生活週轉金是一筆維護自己不需要在股市低檔時賣股的救命錢，不是加碼錢，當原本規劃的股市收益不足以支付生活費時，生活週轉金就可用來彌補差額，等之後股市恢復正常，投資收益超過生活費需求時，再將部分投資獲利回補生活週轉金，以備下一次需求再發生時有足夠的金額能運用。

第八章

面對投資
二、三事

在數十年的投資生涯可能會遇到一些讓我們心動或猶豫的情況，舉凡到底該不該賣股票，或是改變原本長期執行的計畫等，時常反覆出現在投資過程中。人生本來就是充滿變化，隨著年齡的成長、家庭角色、經濟狀況的變化，都會迫使我們調整當下原本的規劃，在此一章節將列出多數人可能會碰到的情況，以及讀者最常問我的問題，希望能從投資理財的角度給予大家建議。

QUSTION 01 有大筆獎金或收入時，應該單筆或分批買進？

你正在執行定期定額存股計畫，每月努力存下 1 萬元投資，5 年後計算投資報酬時，帳面價值已累積到 80 幾萬元，這時意外獲得一筆 100 萬元的年終獎金，想留下 20 萬元支應生活花費與犒賞自己，剩下的 80 萬元則想轉為投資本金，此時考慮將 80 萬元全部投入股市，但又擔心未來一年的股市有下跌風險，如果按照計畫的每月分批買進可將買進成本平均，或是分成 5 ～ 6 年買進，以每月多 1 萬元投入本金，到底哪一種方式比較好？

這個問題可以分成兩個面向思考，一是已投入的總資金，一是

你所設定的投資目標金額。如果這筆獎金和已投入的總資金相比，占比不大，我認為可以採取單筆買進的方式，不需要刻意分批分時投入，例如帳面股票資產是 80 萬元，拿到一筆 20 萬元的獎金，如果在買進股票後遇到大盤下跌，它的影響力也就占 20%，若是分成 10 筆以每筆 2 萬元分批買進，能夠攤平成本的效用也是 20%。

假設遇到股市大跌，讓這 20 萬元平均買進成本比一開始單筆投入時少 10%，其實對整體成本只影響了 2%。如果單筆獎金是 100 萬元，這筆金額對於整體成本的影響力就是 125%，如果同樣 100 萬元平均買進成本比一開始單筆投入時少 10%，對於整體成本的影響也有 12.5%，新投入金額相對於原始本金大的時候，分批買進是值得考慮的方式。

如果從投資目標金額來思考，結果可能不一樣。假設目標退休金是 20 年後達到 2,000 萬元，此時的 20 萬元相較於 2,000 萬元的目標金額只有 1%，若能降低 20% 的買進成本，減少 4 萬元的虧損，即使是考慮平均一年 3% 的通貨膨脹率，這 4 萬元在 20 年後價值約 7.2 萬元，與目標金額相比也只占 0.36%，若更進一步考量年化報酬率 7%，4 萬元在 20 年後可以滾出約 15.5 萬元，與目標金額相比也只占 0.77%。以上的數據顯示，如果金額只有 20 萬元，相較於本金已經有 80 萬元的投資金額來說，你買進的成本即使降低 20%，減少

4 萬元的虧損，但對於 2,000 萬元的目標金額來說，只會幫助 0.36% ～ 0.77%，其實沒有需要分批投入。

若今天是一筆 100 萬元的金額，相較於 2,000 萬元的目標金額就占 5%，同樣降低 20% 的買進成本，減少 20 萬元的虧損，考慮 3% 通膨與 7% 年化報酬率，對於 2,000 萬元的目標金額來說，就會有 1.81% ～ 3.87% 的影響，數字看起來不大，但 2,000 萬元的 3.87% 約 77 萬元，以 3% 折現率換算到現在的價值也有將近 43 萬元，這個數字相對有感，所以考慮分批投入也算是合理。

如果決定要分批投入，建議不管分成幾筆，陸續投入的時間都不要超過兩年，因為分批投入的同時也會錯過潛在報酬，這也是一種損失。你會想要分批投入是因為擔心單筆買進後的短期內就碰到股市大跌，這個擔心一定具有某些考慮因素或訊息存在，才會覺得股市可能快要崩盤了，不要現在全部進場。但若不是有此考量，股市可能只是小跌、盤整、或是繼續上漲，若越晚買進就會有更多資金錯過那段時間的漲幅，這時候單筆全部進場的報酬會比分批進場好。

建議分批進場不要超過兩年的時間，是希望將漲幅損失的可能性控制在兩年內，如果股市如預期發生大跌，分批進場就達到攤平

成本的目的，若不如預期就必須接受這兩年股價越買越貴的損失，如果分成 3 ～ 5 年進場，可能就會錯過這 3 ～ 5 年的股市漲幅，錯過的獲利可能比想躲過的虧損更多，所以我認為這並不划算，而且將預期股市大跌的不確定時間拉長到 3 ～ 5 年，實在沒有意義，不如不要預期。

QUSTION 02 當股市大漲或大跌時，到底該不該賣股票？

如果選擇長期投資，那麼買賣依據就不應該是以近期的股市漲跌幅為判斷標準，既然成為存股族，想必是想長期持有，賺取市場長期的成長獲利，而不是做短期價差的投資。所以，買賣股票的時間點應該要依據已設定的再平衡條件。股市大漲之後還可能漲更多，大跌之後也可能快速反彈，不管是哪一種可能，我們無法百分百估算正確，所以用股市漲跌幅評估是否賣股，實在是一件不智之舉。

如果真的忍不住想賣股票，建議調整股債與現金比例，股票部位不要低於 40%。舉例來說，股債設定 80：20 的長期投資策略，若評估股市過熱，或是有許多負面消息使你認為股市即將大跌，讓

你非常想要調整資產持股比例，此時可降低股票占比，賣掉的股票先暫時保留現金，或是轉買債券，例如調整成股債比例為 60：40，或是股債 60：20，股票賣掉的 20% 先保留現金，然後等待你預期的股市崩盤，想賣掉多少股票就依據自己的信心度進行調整。

　　若採用此一策略，建議股票比例不要低於 40%，因為你的評估極有可能錯誤，若將股票全部賣掉，但股市在未來 3 個月卻不跌反漲，這個錯誤的決定就會錯過這段期間的漲幅，並且要用更高的成本將股票買回來。如果能保留至少 40% 的股票資產，至少還有 40% 的資產能參與到漲幅。倘若真的如預期的股市大跌，也有 40% 資產暫時躲過跌幅。也就是說，若真的大盤方向按照你的預測，上漲就少賺，下跌也會少賠，不至於過於極端。如果幾個月後都不如預期，記得盡快恢復持股比例，承認這次的判斷錯誤重新來過，停止繼續錯過未來的股市漲幅。

QUSTION 03　看好一檔股票，應該出手買進嗎？

　　如果看好某一檔股票或是有人報明牌飆股，讓你躍躍欲試，此

時應該要下手買股票嗎？建議可先用小筆金額投資，但不要投入太高的資產比例，因為務必要讓自己的容錯空間可以被控制，不至於對整體造成太大影響。

本書規劃的資產配置與執行再平衡，是一個摒棄過去想買低賣高做價差的短期投機心理，預期可以讓資產長期穩定成長的投資方法，如果將大比例資金都投入單一檔看好的個股，就又陷入過往想要賭一把大賺的投資輪迴。幸運的賭對了當然開心，若結果不如預期，那麼資產會因此而造成大幅虧損，這不是最初規劃資產配置時希望的結果。

如果某檔股票真的讓你手癢難耐，建議只要投入不超過 5% 的資金小額嘗試，如果真的帶來 100% ～ 200% 的漲幅，對整體資產也能貢獻 5% ～ 10%，以追求整體資產的年化報酬率能達到 7% ～ 10% 的資產組合來說，5% ～ 10% 的貢獻等於是加速一年的時間。如果不幸虧損 50%，對於總資產也只是減損 2.5%，影響不大。如果投入 20% 的資金，這 50% 的減損等於對整體資產造成 10% 的虧損，也就是減少至少一年的投資報酬，浪費一年的時間這將是滿嚴重的影響。

QUSTION 04 借錢來投資可行嗎？

大多數的理財專家都建議投資人不要借錢投資，因為投資沒有保證獲利，但借錢肯定要歸還，而且是借錢後的次月就要開始還款，所以借錢買股票的投資風險相當大。然而，借錢投資的問題並不在於借錢本身，而是在於錯誤的投資與過度舉債。

過去聽到的借錢投資情況有幾種，一是因股市下跌股票套牢，投資人不斷地想要攤平，於是股價越跌加碼越多，當手上的資金用盡時，沒等到股市反轉，就想要尋求更多資金逢低買進以降低成本。投資一檔不斷下跌的股票，在投資選擇上就已經是錯誤的決定，盲目的投入資金攤平，本身就是錯上加錯，再多的資金也無法讓下跌的股價反轉，所以問題出在投資標的，而無關乎借錢買股票。這種情況特別容易發生在操作期貨與選擇權的投資人身上，這類型有時間價值的金融商品，常常讓人覺得這一次能拗過就沒事了，結果卻讓人越陷越深，所以借錢投資的結果經常都以破產收場。

還有一種情況是對於行情過度樂觀，近期就以 2020 年至 2021 年的長榮海運（2603）最為人知。2020 年因疫情影響，導致海運運

量大減造成運費飆漲，而且是翻漲數倍的漲幅，8 月起長榮與其他海運企業的股價開始反映，從一開始的 11 元，一路上漲到 2021 年 7 月的最高 233 元，在這近一年股價上漲逾 20 倍的過程中，長榮股價只有兩次小幅回檔，其他時間幾乎都是上漲，市場出現許多被稱為「航海王」的投資人。

一開始只敢以小資金買進，然後全部資金都買進航運股，獲利表現可圈可點，有些投資人於是開始改用融資買進，甚至是用個股權證放大槓桿，更別說部分投資人借錢買權證，身家快速翻漲至數千萬元。當 2021 年 7 月，航運股股價快速回落的時候，許多後期才用槓桿進場的投資人不但不認賠還繼續加碼，結果將帳面獲利全數賠光，甚至負債累累。

所以，投資人不應該借錢投資嗎？其實不然，重點在於投資的項目，以及承擔虧損風險的能力，有一種情況我認為可以適度借錢投資。如果是以長期持續買進 ETF 的方式，而非投資有時間到期限制的衍生性金融商品，想要短時間內快速獲利，而且借款後需要償還的月還款金額，小於每月的定期定額投資金額，當碰到大型股災發生時，可能股市已下跌 30% ～ 50%，此時可考慮利用借貸在股市難得低檔時大筆單筆買進，然後以本來每個月定期定額投資的金額償還貸款。

舉例來說，假設每個月固定扣款 2 萬元買進 ETF，當認為現在是難得的股市低檔時，想要一次性投入較大筆的資金買進更便宜的價位，但手上又沒有可以動用的大額存款，或許可以考慮借用信貸。假設可借到的信貸利率是 3%，以 7 年的還款期限回推，最多可以借到 150 萬元，月還款額接近 2 萬元，也就是把原本每個月定期定額扣款購買 ETF 的 2 萬元先挪用到現在一次投入，未來 7 年就變成償還每月 2 萬元的信用貸款。或是選擇借 75 萬元，每個月還款 1 萬元，另外保留 1 萬元繼續定期定額買進 ETF，以免現在單筆投入的價格還不夠低，之後又沒有資金可以繼續往下買。

　　想要借錢投資，首重的是還款能力，建議將月還款金額控制在每個月固定存款或投資的額度之內，只是變相把未來幾年陸續要投入的資金，以借款方式提前到現在投入，之後就是每個月用同樣的存款或投資金額償還貸款。如果名下有房產也可妥善利用理財型房貸，支應短期需要的投資金額，至少利率比信用貸款低，還款時間與條件也較為彈性。其次就是你選擇的投資標的，千萬不要將借出來的錢單壓個股或期權，這麼做只是提前將未來要投資的錢拿到現在賠光而已，不要太相信別人報的明牌與快速翻身的機會，投資需要按部就班。

QUSTION 05 存到第一桶金應該先買房置產嗎？

　　許多人到了一個人生階段，特別是成家或是有小孩之後，常會考慮買房置產。這時會猶豫是否將自己長期投資股市的資金全部轉為房屋頭期款，因為如此一來，手邊的所有投資都會集中在房產上，也少了一筆被動收入來源，更別說原本是想準備退休金的需求，買房後全部都要從頭開始了，而且原本每個月可用來投資的額度都變成房貸，更難有機會額外存退休金。

　　過去幾年股市高漲，許多年輕人在短短幾年內就在股市累積到 300 ～ 400 萬元的資金，由於房價一直上漲，讓不少人都想將這筆錢當成買房的頭期款，這個選擇同樣也會花光所有資金，到底存到第一桶金之後能不能先買房？

　　小資族每個月可能僅能在股市投資 1 萬元，以一年 12 萬元的投資速度加上投資獲利，想要累積到 100 萬元需要 5 年以上的時間，更別說累積到 300 萬元可能需要投資 10 年以上。如果一次將 300 萬元投入購屋，投資戶頭全部清空，再加上要償還房貸，根本沒有餘力繼續存錢投入股市了。即使還能做到每月投資 1 萬元到股市，重

新累積到 100 萬元又要再花 5 年以上的時間，距離退休的時間越來越近，而退休金計劃卻又因為買房而重新開始，這似乎不是明智之舉。

如果真有購屋需求，建議至少在股市保留 100 萬元的投資金額，當作金雞母繼續幫你帶來被動收入。例如需要 300 萬元的頭期款與裝潢費，至少要準備 400 萬元再考慮買房，即使是投資高股息 ETF 都能為你每年帶來 5 萬元以上的股息收入，如果全部都用光，再重新存到 50 萬元可能有難度。以 300 萬元累積到 400 萬元的速度，絕對比從 0 累積到 100 萬元更快，所以絕對不輕易的將投資戶頭歸零。除非這間房產打算用來出租投資，買房後可以繼續帶來租金收益。

「時間」是穩健投資的關鍵因素，投資的時間越長，累積的本金越大，越到後期所能帶來的收益也會越高。就以投資高股息 ETF 為例，基本 5% 的現金股息殖利率，30 萬元本金可以帶來每年 1.5 萬元的被動收入，1,000 萬元就可帶來 50 萬元的被動收入，將這些被動收入持續滾入投資本金，就可以讓每年的被動收入持續增加，而這些成效需要在投資 10 ～ 20 年之後才會有明顯感受。

如果一次把投資本金用來買自住的房產，無法產生被動收益，重新累積投資本金的結果就是讓原本可以享受到的成效延後 5 ～ 10

年以上的時間。所以，我建議不要梭哈購屋，記得保留部分資金在金融市場繼續投資，帶來被動收入或市場成長的獲利。

QUSTION 06 買美股 ETF，會有匯兌損失嗎？

如果投資美股，台幣與美元的匯差將難以避免，你可能會擔心台幣與美元的匯差損失，是否會侵蝕到投資績效。關於匯差，我認為不用過度在意。

首先，不管你是等待美元便宜時大筆買進，或是不管匯率定期買進，在 20～30 年以上長期換匯的結果來看，美元換匯平均成本其實差異不大。若以 30 年投資期為例，你可能是在美元兌台幣匯率區間 27～35 的價位每個月定期兌換一筆金額，總共兌換了 360 筆，也可能是每年單筆兌換，總共 30 筆，其實都已有足夠的分攤平均效果。而美元匯率成本的關鍵不在於總共兌換了多少筆，而是在匯率高或低的時候換了多少錢，而能換多少錢的關鍵在於你的收入而非匯率。

舉例來說，每個月都有台幣 2 萬元可以換成美元，或是直接以當時的匯率定期定額買進美股 ETF，美元匯兌成本就是這些時間的平均值，如果美元長期匯率在新台幣 33 元，低到 30 元的時間只有短短幾年，那美元匯兌成本可能平均約 32 元。如果能在匯率低至 30 元時，剛好有一筆 300 萬元可以換成美元，總平均匯兌成本可能拉低到 31 元，重點在於兌換的金額大小。如果總投入資金超過 3,000 萬元，那在 30 元匯率時兌換的 300 萬元也只占十分之一，其實對於降低匯兌成本的效果非常有限。

再說，投資美股的目的主要是透過美股獲取股市增長報酬，30 年下來的投資報酬率可能上看 1,000%（10 倍），如果為了換到匯率較低的美元而遲遲不進場投資，那錯過的股市報酬將遠比省下的匯兌收益高出許多。舉例來說，手上有一筆新台幣 300 萬元想換成美元，但當時的美元兌台幣匯率是 33 元，你預期美國即將降息救市，美元兌新台幣匯率會下跌於是決定等待，在等了兩年後，美元兌新台幣的匯率跌到僅剩 30 元，省下 9% 的匯兌成本，這時將整筆 300 萬元資金換成美元，打算開始投資美股，但過去這兩年也因為降息，美股總共上漲了 35%，現在你還會覺得省下來的匯兌損失是值得的嗎？

過去的 50 年，美元兌新台幣的匯率最高曾來到 40 元，最低低

到 25 元，但 40 元是在匯率管制的時代，而 25 元是在台灣錢淹腳目的時代，幾乎很難再重現，而過去 25 年的美元匯率，多是介於 28 至 35 元之間，長期換匯的匯兌成本約在 30 ～ 31 元。

如果剛好在匯率 28 元時需要將美元換成台幣，就會需要實現約 10% 的匯兌損失，同樣的若是在 35 元時要換成新台幣，也會額外賺到約 13% 的匯兌獲利，兩種機會都有可能，多筆兌換總體來看未必會有匯兌損失。而且每次換匯都只需要換回你需要的金額，並非是全部資產一次性由美元換回新台幣，就算有匯兌損失，也只是一筆小金額的損失，無傷大雅。例如需要換回 3 萬美元當生活費，相對於 100 萬美元的總資產來說，10%（3,000 美元）的匯兌損失也僅等於總資產的千分之三，可能跟複委託手續費差不多，實在無須過於在意。

這裡提供一個能減少實現匯兌損失的方式，建議在退休前幾年調整台灣與美國資產的比例，以我的資產配置為例，預設在退休前的美股資產占 75%，新台幣資產占 25%，當準備要退休之前，將美股資產部分換回台幣資產，調整成美股與台幣資產各占 50%，生活費主要由台幣資產支付，需要由美元換回新台幣的部分只占一半比例，相對美元兌新台幣的匯率的影響就減少一半，如果再加上生活備用金的彈性運用，我可以在美元匯率差的時候，先以生活備用金

彌補需要的生活費缺口，美元的部分就先不進行換匯，或換少一點，這都是彈性的作法。

　　投資人不需要過於在意美元兌新台幣的匯率變化，因為新台幣兌美元的匯率波動並不大，如果長期投資換匯，相信美元匯兌成本應該能取得中間值，之後要換回新台幣時，即使是在 27 元或 35 元的極端值，頂多也就是實現大約 10% 的匯兌損失或獲利。若實行的是 4% 提領法則，總資產的 4% 實現 10% 的匯兌損失，也不過 0.4% 的影響，若按照建議的將新台幣與美元資產分配各半，則損失只有總資產的 0.2%，比台股的 ETF 管理費還低，實在不需要耗費心思躲避匯損，反而錯過更大的獲利機會，得不償失。

QUSTION 07　準備多少退休金才可以退休？

　　幾乎每個人都需要準備自己的退休金，即使是繼承大筆資產的人，也會需要規劃這筆資產的運用，才能讓退休後不用擔心坐吃山空，或是財產被有心人掏空。在進行退休金準備計畫的時候，可以計算的很理想，用盡各種算法與方式達到理想中的退休金金額。

　　但理想很美好，現實卻很骨感，絕對不可能完美規劃未來 30 年的投資計畫，也不可能期望未來 30 年的投資績效如想像般的實現，人生過程有無數的變數與新的需求，任何一件事情都可能影響退休計畫，包括置產、疾病等。如果到了預計退休的年齡，卻還沒能存到需要的退休金時應該怎麼辦？這裡提供 4 個思考方向來評估自己的狀況。

　　第一個思考方向是降低生活消費需求是最直接的方法。在《聰明的 ETF 投資》書中有介紹如何計算實際需要的退休金，其中一個關鍵數字就是實際的生活費金額，可以透過平時記帳得知，但有一個變數無法估算，你在 30 歲、40 歲、50 歲、60 歲時的生活必要費用都不一樣，即使明確記帳，也無法準確知道退休時真正需要多少退休金才能生活，只能憑手中既有的資料與現有想法預估出理想生活的金額。

　　如果屆退休年齡時還沒準備到計畫中的退休金金額，建議重新審視退休生活的實際花費需求，並試著降低理想中的生活品質或改變生活方式，讓所需要的生活費明顯降低，以符合現有的退休金金額。年輕時在估算退休金時，有些人會以當下的生活習慣進行理想值的預估，但其實很多花費在退休時已經不太需要，甚至是身體狀況已經無法負荷想像中的規劃，所以真正要用到的費用就會降低。

但年輕時也估算不到退休時的身體健康狀況，需要多準備哪一些醫療費用、哪一些事情不能做、哪一些食物不能吃等，很可能會省下一些生活基本開銷與娛樂費，卻多了更大一筆醫療支出。所以建議在接近計畫退休的前 10 年，每隔 2 ～ 3 年重新檢視所需的退休金額，這時的估算比較貼近現實。

第二個思考方向是延後退休時間，這一點雖然殘酷，但也是直接的應對方法。當你認真評估降低生活要求後的退休金金額還是比目前所準備的高，建議直接將退休年齡延後幾年，並估算以目前的投資方式需要等幾年才能退休。有時是在準備要退休時剛好碰到嚴重股災，投資的資產突然減少 30% ～ 50%，影響預期退休金所能帶來的被動收入，這時也只能認命的多等待幾年，等到股市低潮過後，資產回到應有的水準再退休。

第三則是選擇到生活費用較低的地方居住，例如移居郊區、偏鄉、甚至東南亞國家。如果前兩個方法都無法解決你的困難，或者是因為被裁員或身體因素無法繼續工作，而目前準備的退休金不足以應付目前居住環境所需要的生活開銷，更進一步的方法就是選擇生活費比較低的生活環境。

舉例來說，現在想在雙北退休，夫妻倆需要每個月至少 4 ～ 5

萬元的費用，包含大樓管理費、停車費、高額地價稅，但搬去中南部非市中心的地方，除了可以降低基本生活開銷，換一間小一點的房子，可能還多了一大片前後院，還有安靜與空氣清新的居住環境。歐美人士甚至會在退休後搬到東南亞國家長住，因為只需要用原本國家的三分之一支出，就能在泰國、印尼、越南等地方過上相當舒服的生活，而且每隔兩年就換一個國家生活，體驗不同的異國生活。

第四個思考方向是以屋換退休金。除了股票之外，別忘了房地產也是一項資產，如果在退休時已經有一間繳清貸款的自住房屋，可能原本和小孩一起住需要三房兩廳的大房子，在小孩成家立業搬出去之後，就可考慮將房子換成兩房一廳的格局，或採取第三點的方式，移屋到稍微外圍的地方居住，多出來的房價差額或許就能彌補所欠缺的退休金金額。如果真的不想搬離原本居住的房子，也可考慮以房養老，向銀行申請抵押，取得每個月的生活費用，也不失為一種解決方式。

在估算未來的退休金需求時，難免會犯了太過理想或過度樂觀的心態，越接近退休年齡時才會越清楚自己的退休金準備是否能滿足基本或理想需求，在規劃未來的事情時一定需要有備案，如果事情不如預期，可以有哪些替代方案或解決方法應對，如果退休金準備真的不理想，我們也不用太緊張，重新調整心態仍有很多方法可以解決。

第九章

投資規劃
總結

以上章節已經介紹了如何在台股以最簡單的方式規劃資產配置與執行再平衡，如果有意將投資資產擴大分散到全世界，也列舉多種投資標的與資產配置組合，從入門到進階全部都有詳細的分析介紹，足夠滿足多數人的投資需求了。不需要投資人研究企業財報、不需要時時關注財經新聞、也不用了解總體經濟局勢，只需要規劃好資產配置，依據計畫執行再平衡，伴隨世界整體經濟發展，即可獲得整體的平均報酬，不需要花費過多時間在投資上。你只需要將時間用在精進專業技術，提高本業收入，或是發展第二、第三專長，進而嘗試斜槓人生開創收入來源，或許都比花時間研究各種投資方式要更有效率。

　　最後幫大家簡單整理 6 個投資重點，表 9-1、9-2 可以輕鬆協助你在投資前做好思緒整理。

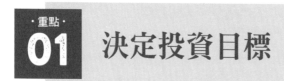

決定投資目標

　　在開始進入股市投資之前，先認真想清楚投資的目的，想要達到的目標，而不要只是想賺更多錢就好，因為你會因此而錯用投資

【表 9-1】投資目標與資產配置規劃表

投資目標	我想準備 30 年後的退休金，目標是新台幣 3,000 萬元		
資產配置	台股指數	台股高股息	銀行定存
	15%	10%	5%
投資標的	0050（10%） 00692（5%）	0056（5%） 00878（5%）	一年期定存（5%）
再平衡條件	固定每年一月第一週執行資產再平衡 若股市由高點回檔 20% 執行再平衡		

【表 9-2】投資目標與資產配置規劃表

投資目標	我想準備 30 年後的退休金，目標是新台幣 3,000 萬元		
資產配置	美股指數	非美股指數	美國債券
	40%	15%	15%
投資標的	VTI（30%） VOO（10%）	VXUS（15%）	BND（10%） TLT（5%）
再平衡條件	固定每年一月第一週執行資產再平衡 若股市由高點回檔 20% 執行再平衡		

製表／雨果

方法。在表 9-1 的第一欄，請先填入投資目標，例如準備 20 ～ 30 年後的退休金，還是 10 年後的小孩教育基金，5 年後的結婚基金、房屋頭期款，或是 3 年後的出國旅費，不同時程的目標有不同的投資與資產規劃方式。

·重點·
02 # 規劃資產配置

　　進一步思考想透過台股或美股完成的目標，如果不敢投資海外市場，只想投資較為熟悉的台股，可以表 9-1 在第二欄位寫下台股的投資配置，想要有多少比例投資指數型 ETF、高股息 ETF、與現金或銀行定存。

　　若你也想將投資分散到全世界，則可訂出台股與美股的投資比例，而美股的部分又可以訂出投資美國與非美國的比例，還有股票與債券的搭配比例。舉例來說，「台股指數型 15%，台股高股息 10%，銀行定存 5%；美股指數型 40%，非美股指數型 15%，美國債券 15%」詳見表 9-1、9-2。

重點
03　選擇投資標的

依據資產配置的規劃內容，選擇相對應的投資標的，以台股指數為例，選擇項目會有 0050、006208、或是 00850、00692 等類指數 ETF，在選擇標的時一定要清楚知道每一檔 ETF 的選股原則，了解其特性與限制，可能會帶來的效果。

選擇美股指數也相同，可以選擇 VTI、VOO，若不想分別選擇美國與非美國市場，也可以選擇一檔 VT 投資全世界。每一個資產類別不限制只能有一種標的，可以將標的分散到 2～3 檔 ETF，綜合不同 ETF 的特點與限制，重點是要了解自己為何選擇。

從表 9-1、9-2 中第三欄位可見，「台股：0050（10%），00692（5%），0056（5%），00878（5%），一年期定存（5%），美股：VTI（30%），VOO（10%），VXUS（15%），BND（10%），TLT（5%）」。

擬定再平衡條件

·重點·
04

　選擇好標的之後，接著要決定資產再平衡的條件，可採用定期執行與資產偏移比例兩種條件，或是單一資產漲跌幅比例。前面已簡單介紹過這兩種再平衡條件的優缺點，請自行判斷適合自己的方式，資產偏移比例方式比較麻煩，因為需要時常統計目前的資產比例，是否達到再平衡的條件，而固定時間執行就不需要煩惱，每年到了預定的時間再登入帳戶執行就完成。當然也可以兩種條件都採用，任何一個條件符合就執行再平衡，而對於投資新手，建議先採用固定時間執行再平衡。

　從表 9-1、9-2 中第四欄位可見：「固定每年一月第一週執行資產再平衡；若股市由高點回檔 20% 執行再平衡。」

·重點· 05 調整資產配置

　　事實上，資產配置規劃不會在第一次規劃好後就定型不動，即使參考很多專家的建議，或是直接依照表 9-1 的範例，都不會剛好是最適合你的規劃方式。每個人都需要規劃出符合自己的目標金額需求、風險承受能力、收入與資金來源、與資產波動程度的資產配置方法，不可能每個人都相同。

　　如果本業收入很高，無法承受資產在一次股災就減少 30%，例如 2,000 萬元本金少掉 600 萬元，或許就需要提高債券 ETF 與銀行定存的資產比例，或者考慮將儲蓄險納入資產配置範圍。即使明白儲蓄險的報酬率很低，高股息 ETF 的長期報酬不如市值型 ETF，但這可能才是能讓你甘願持續 30 年執行的配置方式。

　　所以在剛開始的幾年可能需要進行資產配置的調整，但幅度不大，除非一開始你就沒有認真評估思考，高估自己的風險與波動承受能力。每次調整時都要想清楚為何而調整，調整後是否符合目標需求，千萬不要看著股價漲跌而調整，這就不是資產配置，而是回到想買低賣高的舊套路了。

重點 06 彈性的半退休生活

在投資上，我們願意承擔財產損失的風險，因為希望能過更好的生活品質，並且追求提早財富自由，而如果需要花費大量時間在投資上，卻沒能好好照顧身體，花時間陪伴家人，增加各種生活體驗，只是將時間全部用在研究企業財報或技術線型分析，這就不是投資的本意了。

多數人都想提早退休，希望盡快達到財富自由，有更多時間從事自己有興趣的事情，但若一切都要等到退休後才開始進行，可能已經太遲了，因為到那時你可能沒有健康或體力可以負荷，甚至已經錯過最適合的時機，人生中有許多事情無法等待與重來，也有很多事情是可以同時並行的。

我們在努力存錢，妥善安排投資，認真累積退休金的同時，也應該培養興趣，花一點經費去做喜歡的事情，或是安排旅遊，創造與家人美好的共同回憶。或許這樣做會延緩退休的進度，但在準備退休的過程中，若人生經歷都是空白，只有工作與省吃儉用的選項，到了退休時才驚覺人生數十年白走一遭，肯定會後悔莫及。

　　當退休金累積到一個程度後，其被動收入應足以支應部分開支。若你的工時很長，或是有另一份更喜歡的工作，但收入不足以負擔生活開銷，或許就可考慮換一個收入、工時較少，但卻非常喜歡且有熱情的工作，然後用被動收入彌補原本工作收入的缺口。

　　例如，有人離開沒日沒夜的會計師事務所工作，換到咖啡館沖泡咖啡，也有人從忙碌的媒體業離職改當 SOHO 族，販賣自己的插花作品，也成立教學課程。收入雖然減少了，但能從事自己有熱情的事物，反而是相對有意義的人生，不需要再為了生存而做無意義的工作，我稱之為「半退休狀態」。

　　其實不需要等到完全退休不工作後，才來做自己喜歡的事情，不少人在 40 ～ 50 歲，家庭負擔相對減輕的階段，開始調整工作時數與內容，或是選擇彈性工時的工作，追求能充實人生的事情，有了投資所帶來的被動收入補貼，讓大家能擁有更多選擇工作與生活方式的自由，不需要等到完全達成退休財務目標後才能真正退休。

　　這也是投資的初衷，單純靠薪資儲蓄無法累積到足夠的退休金，只有透過投資才能將存款放大，不但可以避免通貨膨脹讓資產貶值，還有機會讓資產變得更有價值，逐步達到退休目標，用資產帶來被動收入，慢慢買回自己的自由人生。

如果你想要半退休，從事收入比較低但相對輕鬆的工作，又或是讓生活品質更好，其實可以先考慮停止由薪資支付的定期定額投資。前面提到定期定額投資股市，每月將部分收入存下投入股市，可能是 1 萬元或 3 萬元，一年大約就是 10 萬元至 40 萬元，另外每年配發的股息股利不要花掉，再投入投資本金產生複利效果。

　　當總投資資產到達 2,000 萬元時，每年配發的現金股息可能已超過 80 萬元，比原本定期定額投入的資金更高，若持續將這些被動收入再滾入，已有不錯的複利成效。相對於現金股息，每個月定期定額投入 1 萬元，對於攤平成本與擴大投資本金的效用並不大，可以考慮減緩速度，挪用每月定期定額的資金讓自己生活變得更美好。

　　或許這一筆被動收入尚且不足以提早退休，停止定期定額投入還會讓你延後退休的時間，但卻能讓你提早過喜歡的生活，在求生存與追尋生活意義之間找到適當的平衡，讓真正屬於自己的人生盡早開始。退休並非是完全不做事，而是可以開始做自己想做的事情，甚至是換來時間運用上的彈性，在完全退休或達到退休年齡前，先有半退休的階段性安排，也是一種不錯的選擇。

　　相信你看完這本書，應該已經有清楚的概念，如何透過台股與美股執行指數化的投資方式，並在過程中調整適合你的資產配置比例。也建議你搭配我的另一本著作《聰明的 ETF 投資法》，學習其他的生活理財觀念與技巧，將這兩本書搭配一起閱讀，會是比較完整的投資理財心法與執行方法。

　　礙於篇幅限制，有些相關的補充觀念我會另外提供在方格子的隱藏文章裡，我認為對於即將退休的人，退休金的投資規劃與資產分配就相當重要，如何能讓退休金在動盪的股市裡可以維持得更久，每年的生活費可以不隨著股市波動而受影響，我會將建議方法放在隱藏文章裡，購買此書的讀者，可以透過最後的「隱藏文章索取連結」或 QR Code 取得網址，輸入 Email 資料後，系統會自動將多篇隱藏文章的網址寄給你，後續若有任何相關的資訊或讀者福利，也會透過該連結做更新，或提供更多免費隱藏文章，回饋讀者。

　　「時間」是投資獲利的最關鍵因子，投資要越早開始越好，累積時間也要越長越好，獲利多寡並非取決於單一年度的報酬率高低，而是多年累積下來的複利報酬，建議投資人要盡早開始。但投資並非只是把錢拿去買股票就好，如果觀念錯誤，在股市虧錢比賺錢更

容易，在將錢投入股市之前，建議先多讀幾本書，多了解股市的運作與人生理財的觀念，才不會把辛苦賺來的錢，輕易的賠在股市裡，賠掉的錢要再賺回來，需要付出更大的代價與時間。

　　祝福各位投資人能用健康的心態，順利的透過股票投資市場累積到你的退休金，早日達到財務自由，擁有更多人生選擇權。

退休金的投資規劃與資產分配
隱藏文章索取連結

🌐 https://bit.ly/buyetfs

ETF 存股

股債搭配就能錢滾錢，投資致富不用靠運氣

作　　者：雨　果
責　　編：黃佳燕
封面設計：FE 設計
內頁編排：王氏研創藝術有限公司

總 編 輯：林麗文
副 總 編：梁淑玲、黃佳燕
主　　編：高佩琳、賴秉薇、蕭歆儀
行銷總監：祝子慧
行銷企畫：林彥伶、朱妍靜

社　　長：郭重興
發 行 人：曾大福
出　　版：幸福文化／遠足文化事業股份有限公司
地　　址：231 新北市新店區民權路 108-1 號 8 樓
網　　址：https://www.facebook.com/
　　　　　happinessbookrep/
電　　話：(02) 2218-1417
傳　　真：(02) 2218-8057
發　　行：遠足文化事業股份有限公司
地　　址：231 新北市新店區民權路 108-2 號 9 樓
電　　話：(02) 2218-1417
傳　　真：(02) 2218-1142
電　　郵：service@bookrep.com.tw
郵撥帳號：19504465
客服電話：0800-221-029
網　　址：www.bookrep.com.tw

法律顧問：華洋法律事務所　蘇文生律師
印　　刷：博創印藝文化事業有限公司
初版一刷：2023 年 05 月
初版二刷：2023 年 06 月
定　　價：400 元

ETF 存股：股債搭配就能錢滾錢，投資致
富不用靠運氣 / 雨果著 . -- 初版 . -- 新北
市：幸福文化出版社出版：遠足文化事業
股份有限公司發行 , 2023.05
ISBN 978-626-7311-02-8(平裝)
1.CST: 基金 2.CST: 投資
563.5　　　　　　　　　112003583